KB102326

_____ 님의 소중한 미래를 위해
이 책을 드립니다.

에머슨의 자기 신뢰

자기를 온전히 믿고 살아가라

에머슨의
자기 신뢰

랠프 월도 에머슨 지음 | 황선영 옮김

메이트북스

메이트북스 우리는 책이 독자를 위한 것임을 잊지 않는다.
우리는 독자의 꿈을 사랑하고,
그 꿈이 실현될 수 있는 도구를 세상에 내놓는다.

에머슨의 자기 신뢰

초판 1쇄 발행 2023년 8월 3일 │ **초판 2쇄 발행** 2024년 8월 1일 │ **지은이** 랠프 월도 에머슨
옮긴이 황선영 │ **펴낸곳** (주)원앤원콘텐츠그룹 │ **펴낸이** 강현규·정영훈
등록번호 제301-2006-001호 │ **등록일자** 2013년 5월 24일
주소 04607 서울시 중구 다산로 139 랜더스빌딩 5층 │ **전화** (02)2234-7117
팩스 (02)2234-1086 │ **홈페이지** matebooks.co.kr │ **이메일** khg0109@hanmail.net
값 12,000원 │ **ISBN** 979-11-6002-407-4 03100

내가 가르친 유일한 교리는
'개인의 무한함the infinitude of the private man'이다.

- 랠프 월도 에머슨 -

험난한 세상에서
믿을 사람은 나 자신뿐!

『자기 신뢰Self-Reliance』는 19세기의 미국 사상가이자 시인인 랠프 월도 에머슨의 역작이다. 이 작품은 프리드리히 니체, 마하트마 간디, 버락 오바마, 마이클 잭슨 등 수많은 역사적인 인물들에게 영감을 불어넣었다. 오랫동안 사랑받는 고전 작품답게 이 책이 시대를 초월해 21세기를 사는 현대 독자들에게도 큰 위로와 감동을 줄 수 있으리라 생각한다.

이 책의 내용은 에머슨이 1841년에 발표한 에세이 모음집인 『제1 수필집Essays I, First Series』에 실려 있다. 에머슨의 일기와 대

중 강연에 등장한 여러 문장이 이 에세이에 담겨 있다. 『자기 신뢰』에는 원래 소제목이 없었지만, 이 책에서는 현대 독자들이 작품을 더 쉽게 이해하도록 임의로 장제목과 소제목을 달았다.

에머슨은 '초월주의자 클럽'에 소속될 만큼 초월주의를 신봉했다. 초월주의에서는 그 무엇보다도 정신의 중요성을 강조한다. 이 작품에도 에머슨의 초월주의 사상이 잘 드러난다. 에머슨이 살던 시기에 미국은 정치적으로는 독립국이었으나 정신적으로는 아직도 유럽에 의지하고 있었다. 『자기 신뢰』는 미국의 정신적인 독립에 크게 이바지했다는 평가를 받는다.

에머슨(1803~1882년)은 보스턴에서 태어나 목사 집안 출신답게 1829년에 목사가 되었다. 하지만 자유로운 성격상 교회의 딱딱한 예배 형식에 적응하지 못하고 1832년에 목사직을 사임했다. 그 후에는 유럽을 여행하고 당대의 지식인들을 만나면서 견문을 넓혔다. 그때 만난 지식인 중에는 에머슨과 깊은 인연을 맺게 된 헨리 데이비드 소로와 토머스 칼라일도 있었다.

에머슨은 미국으로 돌아가서 얼마 뒤 콩코드로 거주지를 옮겼다. 그곳에서 '콩코드의 현자'라고 불리며 많은 사람에게 좋은 영향을 끼쳤다. 그러다가 하버드 신학대학교에서 강의하면서 기독교와 설교단을 비난했고 결국 교회에서 강의하지 못하게 되었다. 그 후에는 미국 전역을 돌아다니면서 대중을 상대로 강연을 했다. 에머슨은 인기가 많은 강연자였고, 강연 횟수도 무려 1,500회가 넘었다.

고전은 어렵다는 편견이 있다. 현대적인 글과는 문체도 다르고, 생소한 단어나 표현이 등장하기도 해서 그럴 것이다. 역자인 나 역시 이런 편견으로부터 자유로운 사람은 못 된다. 그래서 『자기 신뢰』를 번역하면서 이런 편견을 깨는 데 도전했다. 고전미와 추상적인 표현의 함축성을 최대한 살리면서도 내용을 이해하기 쉽게 옮기려고 노력했다.

이 작품은 제목이 암시하듯이 '나', 그리고 '나 자신을 믿는 것'을 강조한다. '자기 신뢰'라는 말이 괜히 어렵게 느껴지지만, 이 글은 결국 나를 제대로 믿는 방법에 관해서 쓴 것이다.

첫째로, 에머슨은 다른 사람이 아닌 나 자신에게 집중해야 한다고 말한다. 다음에 소개하는 대목에 그의 이런 메시지가 잘 담겨 있다. "내가 신경 쓰는 것은 내가 해야 하는 일뿐이다. 다른 사람들이 어떻게 생각하는지는 관심 없다." "당신이 자기 일을 한다면 나는 당신을 알게 되고 당신은 더 강해질 것이다."
"당신에게 평화를 안겨줄 수 있는 것은 당신뿐이다."

둘째로, 에머슨은 과거나 미래보다는 현재에 집중해야 한다고 말한다. "인간은 과거를 돌아보며 통탄하거나 미래를 내다보려고 발끝으로 선다. 하지만 시간을 초월해서 현재에 살지 않는다면 행복해지거나 강인해지지 못할 것이다." "항상 새로운 날을 사는 것이 지혜롭게 사는 길이다." "지금 이 순간에 품고 있는 생각을 분명하게 말해라. 그리고 내일이 오면 내일 품은 생각을 또 분명하게 말하면 된다."

셋째로, 에머슨은 진실한 마음에 집중해야 한다고 말한다. "우리의 진실한 마음만큼 신성한 것은 없다." "진실은 꾸며낸 애정보다 아름답다." "당신의 진실한 행동은 그 자체로 설명이 될 것이다."

넷째로, 에머슨은 선善과 정의에 집중해야 한다고 말한다. "당신의 선에는 날카로운 면도 있어야 한다. 그렇지 않으면 진정한 선이 아니다." "완전한 선이 아닌 특정한 것을 갈망하는 기도는 사악하다." "일이 어떻게 되든 지금 옳은 일을 해야 한다."

결과적으로, 에머슨이 가장 강조하는 것은 자기 신뢰로 이어지는 내면의 힘이다. 내 안에는 놀라운 힘이 있으며, 자기 신뢰를 실천하면 새로운 힘이 나타난다. 이 책에는 사람과 세상사에 치여서 자존감이 떨어진 현대인에게 힘이 될 만한 이야기가 담겨 있다.

이 세상에 내가 온전히 믿을 수 있는 사람은 나뿐이다. 주변에 좋은 사람이 많아도 마찬가지다. "위대한 사람은 군중에 섞여 있을 때도 사람들을 아주 상냥하게 대하면서 고독이 선사하는 독립성을 유지한다." 에머슨의 가르침은 내면의 중심을 잡기 어려운 세상에서 우리에게 더없이 귀중한 선물이 될 것이다.

황선영

차 례

1장
—
내 생각을 믿고
용감하게
나아가자

2장
—
결코 순응하지 말고
내 참모습을
찾자

Self
Reliance

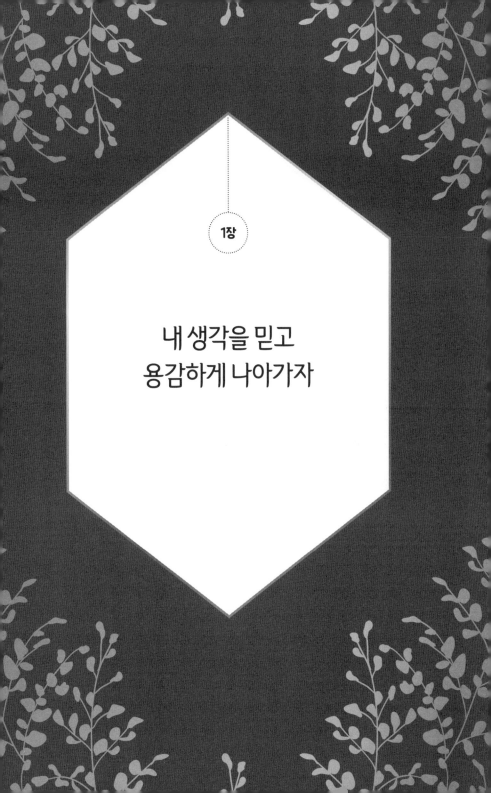

1장

내 생각을 믿고
용감하게 나아가자

1

내 마음에 품은 신념을 믿어라

나는 얼마 전에 어느 저명한 화가가 쓴 시를 읽었다. 시는 상투적이지 않고 독창적이었다. 시의 주제가 무엇이든 우리의 영혼은 항상 이런 시에서 질책의 목소리를 듣는다. 시가 우리에게 불어넣는 감정은 시에 담긴 그 어떤 생각보다도 가치 있다.

자기 생각을 믿는 것, 자기가 마음속에서 진실이라고 믿는 것이 다른 모두에게도 진실이라고 믿는 것, 이것이 바로 천재성이다. 마음에 품은 신념을 소리 내어 말해라. 그러면 그것이 보편적인 의미를 얻을 것이다. 때가 되면 가장 내밀한 감정이 겉으로 가장 많이 드러나기 때문이다.

2

자기 생각을 말로 표현한 이들

최후의 심판을 알리는 나팔 소리가 들리면 우리가 가장 처음에 한 생각이 우리에게 되돌아온다. 내면의 목소리는 누구에게나 있다. 하지만 우리가 모세_Moses, 유대교에서 가장 중요하게 여기는 예언자_옮긴이, 플라톤_Plato, 고대 그리스의 철학자이자 수학자_옮긴이, 밀턴_John Milton, 17세기 영문학을 대표하는 영국의 위대한 서사 시인_옮긴이을 그토록 높이 평가하는 것은 그들이 책과 전통을 무시하고 '남의 생각'이 아닌 '자기 생각'을 말로 표현했기 때문이다.

사람은 자신의 마음을 가로질러서 번쩍이는 불빛을 알아보고 그것을 지켜보는 법을 배워야 한다. 시인이나 현자_賢者가 말하는 창공의 빛보다 내면의 빛이 더 중요하다. 그런데도 사람들은 자기 생각이 자신의 것이라는 이유로 자기 생각을 제대로 살펴보지도 않고 무시해버린다.

3

왜 내 의견을 남의 입을 통해 듣는가

천재적인 작품에서는 항상 우리가 거부한 생각을 찾아볼 수 있다. 그런 생각은 가까이하기 어려운 위엄을 안고 우리에게 돌아온다. 바로 이것이 위대한 예술 작품이 우리에게 주는 가장 감동적인 교훈이다. 예술 작품은 다른 사람들이 반대 의견을 외칠 때 우리의 마음에서 우러나온 우리의 느낌을 기분 좋게, 그리고 확고하게 고수하도록 가르친다.

이런 교훈대로 행동하지 않으면 내일 어떤 낯선 사람이 우리가 계속 느끼고 생각했던 것을 자기 것인 양 능수능란하게 말할 것이다. 그러면 우리는 부끄러움을 느끼면서 우리의 의견을 다른 사람의 입을 통해 들어야 할 것이다.

자기가 무엇을 할 수 있는지 아는 사람은 자신뿐이며,

그것도 해보기 전까지는 알 수 없다.

4

내 안에 있는 놀라운 힘

누구나 교육을 받다 보면 '질투는 무지無知의 산물이며, 모방은 자살'이라는 확신에 이르게 될 때가 있다. 그리고 좋든 나쁘든 자신을 자기 운명의 일부로 받아들여야 할 때가 온다.

광활한 우주가 아무리 좋은 것으로 가득 차 있더라도, 경작을 위해서 우리에게 주어진 땅에 땀을 쏟지 않고서는 영양가 있는 옥수수 한 알조차 얻지 못한다. 우리 안에 있는 힘은 완전히 새로운 것이다. 자기가 무엇을 할 수 있는지 아는 사람은 자신뿐이며, 그것도 해보기 전까지는 알 수 없다.

5

내 생각을 부끄러워하지 마라

어떤 얼굴, 성격, 일은 우리에게 깊은 인상을 남기지만 그러지 못하는 것들도 있다. 여기에는 이유가 있는데, '기억'이라는 조각품에는 미리 정해진 모든 일의 조화에 바탕을 둔 것만 새겨지기 때문이다.

우리의 눈은 빛 한 줄기가 비치는 곳으로 향하며, 그 덕택에 그 빛의 존재를 증명할 수 있다. 우리는 자신을 절반밖에 표현하지 못하고 각자 품은 신성한 생각을 부끄럽게 여긴다. 하지만 그것은 균형 잡힌 생각이며, 중요한 주제를 다루는 만큼 다른 사람들에게 충실하게 전달할 만하다.

6

내 일에 전념하고 최선을 다하라

  신은 당신의 과업이 겁쟁이들을 통해서 드러나게 하지는 않
으신다. 사람은 자신의 일에 전념하고 최선을 다했을 때 안도
감과 기쁨을 느낀다. 하지만 말과 행동이 그러지 못했을 때는
마음의 평화를 누리지 못한다. 이것은 구원의 기능이 빠져버린
구원이다. 자신의 일에 최선을 다하지 못한 사람은 천재성을
잃어버리며, 영감을 줄 뮤즈muse, 그리스 신화에 나오는 예술과 학문의 여신_옮긴이
또한 그의 친구가 되어주지 않는다. 그런 사람은 창의력이 없
고, 희망도 없다.

7

나를 믿고 나아가야 한다

자신을 믿어라. 어떤 마음이든 그 강한 현絃에 맞춰서 울리게 되어 있다. 신의 섭리가 우리를 위해 찾아준 자리, 동시대 사람들로 구성된 사회 그리고 사건의 연관성을 받아들여라. 위대한 사람들은 언제나 그렇게 했다. 그들이 '절대적으로 신뢰할 수 있는 것이 자기 마음속에 있다'는 인식으로 당대의 천재성에 아이처럼 의지했다. 천재성은 위대한 사람들의 손을 통해서 일을 해내고, 그들의 존재를 통째로 지배했다.

우리는 이제 모두 성인이다. 따라서 고결한 마음으로 위대한 사람들과 똑같은 초월적인 운명을 받아들여야 한다. 우리는 보호받는 미성년자나 환자가 아니며, 혁명을 앞두고 도망치는 겁쟁이도 아니다. 우리는 안내자, 구원자, 후원자로서 전능하신 분의 노력에 복종하며 혼란과 어둠을 뚫고 나아가야 한다.

자신을 믿어라. 어떤 마음이든
그 강한 현(絃)에 맞춰서 울리게 되어 있다.

8

아기와 같은 활기와 매력

자연은 아기, 어린아이, 짐승의 얼굴과 행동을 통해서 우리에게 얼마나 아름다운 신탁을 내렸는가! 이들에게는 분열되고 반항하는 마음이 없고, 힘과 수단을 목적에 어긋나게 쓰려고 계산하는 데서 오는 감정에 대한 불신도 없다. 이들의 마음은 온전하며, 눈도 아직 누군가에게 정복당하지 않았다. 그래서 이들의 얼굴을 들여다보면 당황하게 된다.

아기는 그 누구도 따르지 않으며, 모두가 아기에게 맞춰준다. 아기 한 명이 어른 네댓 명을 옹알거리게 하고, 투정을 받아주게 만든다. 그렇게 신은 소년, 청년, 성인도 아기와 같은 활기와 매력으로 무장시키고 모두가 부러워하는 우아한 사람으로 만드셨다. 그들이 아기처럼 주장을 강하게 펼칠 때 사람들에게 무시당하지 않도록 손쓰기도 하셨다.

9

젊은이의 목소리를 잘 들어라

젊은 사람들이 나와 당신에게 말하지 못한다고 해서 그들에게 힘이 없다고 생각하지 마라. 잘 들어라! 옆방에서 젊은이의 목소리가 아주 또렷하고 강인하게 들려온다. 그는 자신과 같은 시대를 사는 사람들에게 이야기하는 방법을 아는 것 같다. 수줍음을 타든, 성격이 대담하든 그는 우리 같은 어른들을 완전히 불필요한 존재로 만드는 법을 알 것이다.

10

결과나 이해관계에 신경 쓰지 마라

저녁에 굶지 않으리라는 확신이 있는 소년들은 태연하다. 그것은 인간의 본성에 충실한 건강한 태도다. 그들은 자신을 달래려는 사람들의 말과 행동을 군주만큼이나 무시한다. 소년은 극장의 객석에 앉은 관객처럼 거실에서 밖을 내다본다. 구석에 앉아서 창밖으로 지나가는 사람들과 사건들을 독립적이고 무책임한 시선으로 바라본다. 그는 소년다운 재빠르고 간결한 방식으로 그것들의 가치를 평가한다. 그것이 좋은지, 나쁜지, 재미있는지, 바보 같은지, 감명 깊은지, 골칫거리인지 판단하려고 한다. 소년은 절대로 결과나 이해관계에 신경 쓰지 않는다. 독립적이고 진실한 판결을 내릴 뿐이다.

우리가 소년의 환심을 사려고 애써야 하며, 소년은 우리의 환심에는 관심도 없다. 하지만 성인은 자신의 의식 때문에 감옥에 갇혀버린다. 성인은 눈에 띄는 말이나 행동을 하는 순간

꼼짝도 못 하게 된다. 수백 명의 동정심이나 미움을 사게 되어 그들의 감정을 생각하지 않을 수 없다. 이런 일에는 망각의 강도 소용없다. 아, 그가 중립적인 입장으로 돌아갈 수 있다면 좋을 텐데!

11
모든 맹세에서 자유로운 사람

모든 맹세에서 자유롭고, 그 누구의 영향도 받지 않고, 편견도 없고, 매수당하지도 않고, 두려워하지도 않으면서 대상을 관찰하고, 이와 똑같은 태도로 대상을 또 관찰할 수 있는 순수한 사람은 언제나 강력하다.

이런 사람은 자기 옆으로 지나가는 모든 일에 의견을 내놓을 것이다. 그 의견은 사적이라기보다는 꼭 필요한 의견이며, 듣는 사람의 귀에 화살처럼 꽂혀서 그를 공포 속으로 몰아넣을 것이다.

12

왜 용감한 성인으로 자라지 못하는가

우리가 혼자 있을 때 들리는 목소리가 있다. 그 목소리는 우리가 세상에 들어서면 희미해지다가 더는 들리지 않는다. 어느 사회든 각각의 구성원이 용감한 성인으로 자라지 못하도록 음모를 꾸민다.

사회는 주식회사나 마찬가지다. 사회의 구성원들은 주주에게 줄 빵을 더 안정적으로 확보하기 위해서 빵을 먹는 사람의 자유와 교양을 희생하기로 합의한다. 여기에서 가장 요구되는 미덕은 '순응'이며, 자기 신뢰는 천대받는다. 사회는 현실이나 창조자를 좋아하지 않으며, 명목과 관습을 좋아한다.

13

절대로 순응하지 말아야 한다

진정한 인간이 되려는 사람은 누구나 순응하지 말아야 한다. 불멸의 승리를 얻으려는 사람은 선善이라는 이름에 흔들려서는 안 되며, 그것이 선이 맞는지 살펴봐야 한다. 결국 우리의 진실한 마음만큼 신성한 것은 없다. 따라서 스스로 죄가 없음을 선언한다면 세상의 동의를 얻을 수 있을 것이다.

우리의 진실한 마음만큼 신성한 것은 없다.
따라서 스스로 죄가 없음을 선언한다면
세상의 동의를 얻을 수 있을 것이다.

14

나의 본성보다 더 신성한 법은 없다

나는 아주 어렸을 때 존경받는 조언자 앞에서 그의 질문에 대답해야 했던 일을 기억한다. 그는 교회의 오래된 교리로 나를 들들 볶아댔고, 나는 그에게 이렇게 되물었다. "제가 온전히 내면의 힘으로 살아가고 있다면 전통의 신성함이 저와 무슨 상관이 있겠습니까?" 그랬더니 조언자가 이렇게 말했다. "하지만 그런 충동은 아래에서 올라오는 것이지, 위에서 내려오는 게 아니야." 그 말을 듣고 나는 이렇게 대답했다. "제가 보기엔 그런 것 같지도 않던데요? 하지만 제가 만일 악마의 자식이라면 악의 힘으로 살겠습니다."

나에게는 나의 본성보다 더 신성한 법은 없다. 선과 악은 아주 손쉽게 이것저것에 갖다 붙일 수 있는 이름일 뿐이다. 유일하게 옳은 것은 나의 기질에 맞는 것이고, 유일하게 그른 것은 나의 기질에 어긋나는 것이다.

15

온갖 반대에 맞서 나를 끌고 나아가자

인간은 마치 자신을 제외한 모든 것이 이름뿐이고 덧없는 것
처럼 온갖 반대에 맞서서 자신을 끌고 나아가야 한다. 나는 우
리가 계급장과 이름, 거대한 사회와 케케묵은 관습에 얼마나
쉽게 굴복하는지를 생각하면 부끄러워진다. 품위 있고 말을 세
련되게 하는 사람은 누구든 나에게 필요 이상으로 영향을 미치
고 나를 흔들어놓는다. 나는 강직하고 활기찬 태도로 모든 면
에서 불편한 진실을 말해야 한다.

16

진실은 꾸며낸 애정보다 아름답다

악의와 허영심이 자선이라는 외투를 걸친다고 해서 그게 사람들에게 통할 것인가? 화가 많고 고집도 센 사람이 '노예 제도 폐지'라는 고상한 대의명분을 지지한다고 생각해보자. 그가 최근에 바베이도스Barbados, 중앙아메리카 카리브해에 위치한 섬나라로, 1834년에 노예제도를 없애 미국의 노예폐지운동을 자극했다_옮긴이에서 그런 명분을 위해서 힘썼다는 소식을 듣고 오면 내가 그에게 이렇게 말하지 않을 이유가 없을 것이다. "가서 당신의 갓난아이를 사랑해주시오. 당신을 위해서 장작을 패는 사람을 아껴주시오. 온화하고 겸손하게 지내시오. 품위를 지키시오. 1천 마일이나 떨어진 곳에 사는 흑인들을 놀라울 만큼 따뜻하게 대하면서 당신의 냉혹하고 무자비한 야심을 포장하지 마시오. 멀리 있는 사람들만 사랑하면 집에 있는 사람들은 앙심을 품게 될 것이오." 사람을 이렇게 맞이하는 것은 거칠고 품위 없는 태도일 것이다. 하지만 진실은 꾸며낸 애정보다 아름답다.

17

날카로운 면도 있어야 진정한 선이다

당신의 선善에는 날카로운 면도 있어야 한다. 그렇지 않으면 진정한 선이 아니다. 사랑의 교리가 가냘프게 울고 징징거리면, 그에 대한 반작용으로 증오의 교리를 설파해야 한다.

나는 번뜩이는 아이디어가 떠오를 때는 아버지, 어머니, 아내, 형제도 멀리한다. 나는 문기둥을 가로지르는 가로대에 '생각 중'이라고 써놓을 것이다. 그 아이디어가 종잡을 수 없는 생각보다는 낫기를 바라지만, 그것을 설명하느라 하루를 다 쓸수는 없다.

18

온갖 종류의 자선과 기부를 거부한다

내가 왜 어떤 사람과는 어울리려고 하고 왜 어떤 사람은 피하려고 하는지 알려주리라고 기대하지 마라. 오늘 어떤 선량한 사람이 그랬듯이 가난한 사람들을 전부 좋은 환경으로 이끄는 것이 나의 의무라는 소리도 내게 하지 마라. 그 빈자들이 내 책임인가?

어리석은 자선가여, 나는 그 사람들에게 주는 1달러, 1다임 _{미국 달러의 10분의 1에 해당하는 화폐 단위를 가진 주화로 10센트에 해당_옮긴이}, 1센트도 아깝다고 말하고 싶다. 그들은 내 사람들이 아니며, 나도 그들의 사람이 아니기 때문이다.

나와 정신적으로 친밀해서 나를 사고팔 수 있는 부류의 사람들이 있다. 나는 그들을 위해서라면 필요한 경우 감옥도 마다하지 않을 것이다. 하지만 나는 온갖 종류의 통속적인 자선 행사, 바보들이 모여 있는 대학의 교육, 이제는 많은 사람이 지지하는 헛된 목적으로 쓰이는 집회 건물, 주정뱅이를 위한 적선, 수천 개나 되는 구호 단체에는 관심이 없다.

고백하기 부끄럽지만 나는 가끔 굴복하고 그들에게 돈을 건넨다. 하지만 그것은 사악한 돈이며, 머지않아 내가 더 어른스러워지면 그런 식의 기부를 자제할 수 있을 것이다.

19

속죄하지 말고 살아가야 한다

대중이 생각하는 미덕은 원칙이라기보다는 예외에 가깝다. 사람이 먼저 있고, 그다음에 그의 미덕이 있다. 사람들은 약간의 용기나 자비심을 발휘해 선행이라고 부르는 것을 베푼다. 이것은 매일 벌어지는 행진에 나가지 않는 대신 벌금을 내는 것이나 마찬가지다.

선행은 사과나 세상살이에 대한 정상 참작의 의미로 행해진다. 지체 부자유자와 정신 이상자가 비싼 입원비를 내는 것과 같은 이치다. 그들의 미덕은 속죄 행위다. 하지만 나는 속죄하고 싶은 것이 아니라 살아가고 싶은 것이다.

20

내가 감당할 수 있는 진실한 인생

　내 인생은 그 자체를 위한 것이지, 남에게 보여주기 위한 구경거리가 아니다. 나는 부담이 적은 삶을 훨씬 선호한다. 내가 원하는 것은 화려하고 불안정한 인생보다는 내가 감당할 수 있는 진실한 인생이다. 나는 삶이 건강하고 달콤하길 바라며, 식이요법을 하거나 피를 흘리는 일은 없길 바란다.

내 인생은 그 자체를 위한 것이지,

남에게 보여주기 위한 구경거리가 아니다.

나의 진정한 모습에 대하여

나는 당신이 좋은 사람임을 증명하는 기본적인 증거를 요구한다. 하지만 그동안 당신이 보여준 행동을 그 증거로 받아들이는 것은 거부한다.

남들이 훌륭하다고 생각하는 행동을 내가 하든 안 하든 나에게는 아무런 차이가 없다는 것을 알기 때문이다. 나는 나에게 고유한 권리가 있는 곳에서 특권을 누리기 위해 대가를 치르는데 동의할 수 없다. 비록 타고난 재능이 적고 보잘것없을지 몰라도 이것이 나의 진정한 모습이다. 나를 위해서든, 다른 사람들을 위해서든 부차적인 보증은 필요하지 않다.

Self
Reliance

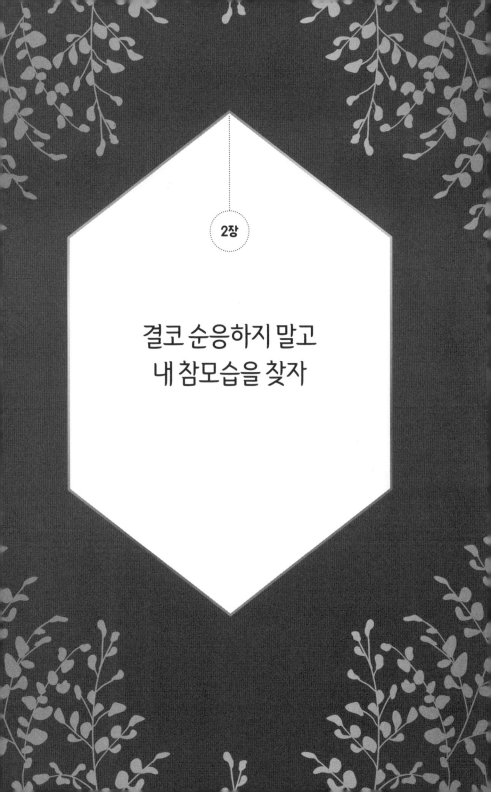

2장

결코 순응하지 말고
내 참모습을 찾자

22

내가 해야 하는 일에 신경 쓸 뿐이다

내가 신경 쓰는 것은 내가 해야 하는 일뿐이다. 다른 사람들이 어떻게 생각하는지는 관심 없다. 이런 규칙은 실생활에서든 정신적으로든 똑같이 지키기 어려우며, 위대함과 하찮음을 확실하게 구분하는 기준으로 쓰이기도 한다. 이 규칙을 지키기 어려운 것은 무엇이 당신의 의무인지 당신보다 더 잘 안다고 생각하는 사람들이 꼭 있기 때문이다.

세상의 뜻대로 세상을 살기는 쉽다. 혼자라면 자기 뜻대로 살기도 쉽다. 하지만 위대한 사람은 군중에 섞여 있을 때도 사람들을 아주 상냥하게 대하면서 고독이 선사하는 독립성을 유지한다.

23

장막 아래 가려진 내 참모습을 찾자

당신에게 의미가 이미 퇴색해버린 관습에 순응하지 마라. 힘이 쓸데없이 분산되고, 시간도 낭비하게 되기 때문이다. 그런 관습은 당신의 성품에 관한 인상을 흐릿하게 만들기도 한다.

당신이 영향력을 잃은 교회에 계속 다니고, 별볼 일 없어진 성서공회성경을 출판·배포하고자 만든 기관_옮긴이에 기부하고, 여당이든 야당이든 거대 정당에 투표하고, 비열한 가정부처럼 식탁을 차린다고 생각해보자. 그러면 이 모든 장막 아래 가려진 당신의 진짜 모습을 알아차리기 어려워진다. 물론 당신이 참된 삶을 사는 데 필요한 힘도 너무 많이 빼앗겨버린다.

하지만 당신이 자기 일을 한다면 나는 당신을 알게 되고, 당신은 더 강해질 것이다. 우리는 순응이라는 이 게임이 눈먼 사람이 좋아하는 것임을 알아차려야 한다.

당신이 자기 일을 한다면

나는 당신을 알게 되고, 당신은 더 강해질 것이다.

우리는 순응이라는 이 게임이 눈먼 사람이 좋아하는 것임을 알아차려야 한다.

24

눈을 가린 채 순응하면 안 된다

만일 내가 당신이 속해 있는 종파를 안다면 당신이 어떤 주장을 펼칠지 예측할 수 있을 것이다. 나는 어떤 목사가 자기 교회의 편리한 제도를 설교 주제로 다뤘다는 이야기를 들었다. 거기까지만 들어도 그가 새롭고 즉흥적인 말을 꺼낼 리 없다는 것을 미리 알 수 있지 않은가? 그가 제도의 기반을 검토하겠다고 자신만만하게 말하더라도, 그 말을 행동으로 옮기지 않으리라는 것을 알지 않는가? 그가 인간으로서가 아니라 교구의 목사로서 전체가 아닌 허용된 한쪽 면만 보기로 자신에게 맹세한 것을 알지 않는가? 그 목사는 고용 변호사나 마찬가지며, 그 자리에서 점잖은 척하는 판사는 그저 공허하게 으스대는 것일 뿐이다.

사람들은 대체로 어떤 손수건으로든 눈을 가린 채 여론에 합류한다. 이런 식으로 순응하는 태도는 사람들이 몇 가지 측면에서만 거짓말을 해서 그들을 거짓되게 만드는 데 그치지 않고, 그들을 모든 측면에서 거짓되게 만든다.

그들이 진실이라고 주장하는 것은 전부 사실이 아니다. 그들이 말하는 둘은 진정한 둘이 아니며, 그들이 말하는 넷도 진짜로 넷이 아니다. 따라서 그들이 하는 말은 우리를 원통하게 만들고, 우리는 그들을 어디서부터 바로잡아줘야 할지 알지 못한다. 그동안 자연은 우리가 지지하는 당파의 죄수복을 재빨리 제공한다. 결국 우리는 똑같은 얼굴과 모습으로 서서히 가장 유순하고 바보 같은 표정을 짓게 된다.

25

순응하며 칭찬해대는 바보 같은 얼굴

　인간에게 유달리 굴욕적인 경험은 인류의 전반적인 역사에도 빠지지 않고 등장한다. 바로 '칭찬해대는 바보 같은 얼굴'을 말하는 것이다. 이것은 우리가 관심도 없는 대화를 나누면서 불편한 마음으로 대답할 때 짓는 억지웃음을 뜻한다. 이런 웃음을 지으면 안면근육이 자발적으로 움직이지 않고 무리하게 억지로 움직인다. 근육이 얼굴 윤곽을 따라서 팽팽하게 당겨지기 때문에 웃는 느낌도 불쾌할 수밖에 없다.

26

대중의 분노를 사소한 일로 여기자

순응하지 않으면 세상은 우리에게 불만을 표하며 채찍을 휘두른다. 그래서 우리는 다른 사람들의 떨떠름한 표정을 알아볼 줄 알아야 한다. 구경꾼들은 길에서든, 친구가 사는 집의 응접실에서든 순응하지 않는 사람을 수상쩍다는 듯이 곁눈질한다. 이런 혐오감이 그 사람에 대한 경멸과 저항에 뿌리를 두고 있다면 그 사람은 슬픈 얼굴로 집에 가는 편이 나을 것이다.

하지만 대중의 떨떠름한 표정은 상냥한 표정과 마찬가지로 뿌리가 깊지 않다. 대중은 바람이 부는 대로, 그리고 신문이 보도하는 대로 표정을 지을 뿐이다. 그런데도 대중의 불만이 의회나 대학의 불만보다 더 위력적으로 느껴진다.

세상을 잘 알고 의지가 굳은 사람은 교양 있는 사람들의 분노를 쉽게 견딘다. 교양 있는 사람들의 분노는 점잖고 신중하다. 그런 사람들은 상처를 잘 받는 소심한 성격이기 때문이다. 하지만 그들의 유약한 분노에 일반 대중의 분노가 더해지고, 무식한 사람들과 가난한 사람들이 흥분하고, 사회의 밑바닥에 있는 어리석고 야수 같은 세력이 으르렁거리고 얼굴을 찡그리면 어떻게 해야 하는가? 그럴 때는 이런 상황을 '걱정할 필요가 없는 사소한 일'로 여길 줄 아는 관대한 태도와 종교적 습관이 필요해진다.

27

과거의 내 말과 행동에 집착하지 마라

우리가 '자기 신뢰'를 이룩하지 못하도록 겁을 내는 또 한 가지 요소는 우리의 일관성이다. 우리가 과거에 했던 말이나 행동에 집착하는 것이 문제다. 다른 사람들은 과거의 행동 말고는 우리를 판단할 만한 자료가 없고, 우리는 그들을 실망시키지 않으려는 생각이 강하게 드는 것이다.

그런데 당신은 왜 자꾸 어깨너머로 뒤를 돌아보는가? 왜 예전에 공공장소 이곳저곳에서 했던 말과 모순되는 이야기를 하지 않겠다며 '기억'이라는 송장을 끌고 다니는가? 당신이 과거에 했던 말과 모순되는 발언을 한다고 치자. 그게 뭐 어떻다는 말인가? 단순히 과거를 떠올릴 때조차 자기 기억에만 의존하지 마라. 천 개의 눈이 지켜보는 현재로 과거를 불러내서 재판을 받게 해라. 그렇게 항상 새로운 날을 사는 것이 바로 지혜롭게 사는 길이다.

당신은 왜 자꾸 어깨너머로 뒤를 돌아보는가?

왜 예전에 공공장소 이곳저곳에서 했던 말과

모순되는 이야기를 하지 않겠다며 '기억'이라는 송장을 끌고 다니는가?

28

기존의 내 생각으로부터 멀어져라

당신은 형이상학존재의 본질, 즉 모양이나 색깔이나 소리가 없는 본질에 관해 탐구하는 학문_옮긴이에 갇혀서 신에게 인격을 부여하길 거부했다. 하지만 영혼의 열렬한 움직임이 나타날 때는 당신의 마음과 인생을 그 움직임에 맡겨라. 그런 움직임이 신에게 색과 형체를 선사할지 도 모른다. 요셉이 외투를 음탕한 여자에게 남겨두고 달아난 것처럼구약성서 창세기 12장 참조. 야곱의 11번째 아들인 요셉의 외투를 여인이 붙잡고 동침을 요 구하자 그 여인의 손에 외투를 남겨두고 도망친 내용임_옮긴이, 당신도 기존에 했던 생 각으로부터 멀어져야 한다.

어리석은 일관성은 생각이 편협한 사람들의 쓸데없는 고집 이다. 별 볼 일 없는 정치인, 철학자, 목사들이나 숭배하는 태도 다. 위대한 사람은 일관성에는 전혀 신경 쓰지 않는다. 일관성 을 따지는 것은 벽에 비치는 자기 그림자 때문에 걱정하는 것 이나 마찬가지다.

29
이 순간의 생각을 분명하게 말하라

지금 이 순간에 품고 있는 생각을 분명하게 말해라. 그리고 내일이 오면 내일 품은 생각을 또 분명하게 말하면 된다. 당신이 내일 하는 말이 오늘 하는 말과 완전히 모순되더라도 상관없다.

"아, 그러면 사람들이 당신을 오해하게 될 텐데요." 누군가는 이렇게 말할지도 모른다. 하지만 오해받는 게 그렇게 안 좋은 일인가? 피타고라스Pythagoras, 고대 그리스의 철학자이자 수학자_옮긴이도 오해를 받았고, 소크라테스Socrates, 고대 그리스의 철학자_옮긴이도 오해를 받았다. 예수, 루터Martin Luther, 독일의 신학자이자 종교개혁가_옮긴이, 코페르니쿠스Nicolaus Copernicus, 폴란드 출신의 천문학자이자 가톨릭사제로 지동설을 주장함_옮긴이, 갈릴레이Galileo Galilei, 이탈리아의 천문학자이자 물리학자로 지동설을 발전시킴_옮긴이, 뉴턴Isaac Newton, 영국의 물리학자이자 수학자로 만유인력의 법칙을 발견함_옮긴이도 마찬가지다. 이 세상에 존재한 순수하고 지혜로운 사람은 전부 그랬다. 위대한 사람은 오해받기 마련이다.

30

본성을 거스를 수 있는 사람은 없다

　나는 자기 본성을 거스를 수 있는 사람은 아무도 없다고 생각한다. 설령 본성과 다른 의지가 분출되더라도 그 사람에게 적용되는 존재 법칙에 따라 통제되기 때문이다. 안데스산맥과 히말라야산맥의 높이가 지구의 곡선이라는 큰 틀에서 보면 별일 아닌 것과 같은 이치다.

　그 사람의 본성을 어떤 방법으로 판단하고 시험하든 마찬가지다. 사람의 품성은 아크로스틱acrostic, 각 행의 첫 글자를 서로 연결해 특정한 단어가 되도록 쓴 시_옮긴이이나 알렉산드리아식 시구와도 같다. 즉 앞에서부터 읽든 뒤에서부터 읽든 대각선으로 읽든 다 똑같이 읽힌다.

31

지금의 내 생각을 솔직하게 기록한다

나는 신이 허락한 즐겁고 깊이 뉘우치는 숲속 생활을 하면서 매일 앞을 내다보며 뒤를 돌아보지 않고 내 생각을 솔직하게 기록한다. 내가 의도하거나 보지 않더라도 그 기록은 균형이 잘 잡혀 있을 것이라고 확신한다. 내 책에서는 소나무 냄새가 나고 벌레가 윙윙거리는 소리가 울려 퍼질 것이다. 우리 집 창문 위에 사는 제비는 실이나 지푸라기를 물고 와서 그것을 엮어서 둥지를 만들 것이다.

32

당신의 생각대로 행동하라

우리는 있는 그대로의 모습으로 사람들에게 비친다. 사람의 성품은 의지보다 더 많은 것을 가르쳐준다. 사람들은 명백한 행동을 통해서만 자신의 미덕이나 악덕이 드러난다고 생각한다. 그들은 미덕이나 악덕이 매 순간 숨을 쉰다는 사실은 알지 못한다.

우리의 행동이 아무리 다양하더라도 하나하나가 정직하고 그 순간에 자연스럽게 어울리는 것이라면 서로 화합이 잘될 것이다. 여러 행동이 많이 달라 보이더라도 같은 의지에서 비롯된 만큼 실제로는 조화를 이룰 것이기 때문이다.

행동의 다양성은 조금 떨어져서 보거나 조금 높은 곳에서 보면 눈에 띄지 않는다. 하나의 경향이 모든 다양성을 통합하기 때문이다. 훌륭한 배도 방향을 백 번씩 틀면 지그재그로 나아간다. 하지만 멀리서는 배의 항로가 꼭 직선처럼 보인다. 당신의 진실한 행동은 그 자체로 설명이 될 것이다. 그런 행동으로 당신의 다른 진실한 행동들도 설명할 수 있을 것이다. 반대로 당신의 순응적인 행동은 아무것도 설명하지 못한다.

그러니까 당신의 생각대로 행동해라. 그러면 당신이 이미 주체적으로 한 행동들이 지금의 당신을 정당화해줄 것이다.

당신의 생각대로 행동해라.

그러면 당신이 이미 주체적으로 한 행동들이 지금의 당신을 정당화해줄 것이다.

33

남의 시선을 신경 쓰지 않는 이유

위대한 행동은 미래가 알아본다. 오늘 내가 남들의 시선을 신경 쓰지 않고 옳은 일을 할 만큼 확고한 태도를 보일 수 있다면 예전에도 옳은 일을 많이 했을 것이다. 그런 과거가 지금의 나를 변호해줄 것이다. 따라서 일이 어떻게 되든 지금 옳은 일을 해야 한다.

겉모습을 항상 무시해라. 그러면 언제나 옳은 일을 할 수 있을 것이다. 성품이 지닌 힘은 점점 쌓여간다. 미덕으로 채워나간 지난날들이 성품에 힘을 보태준다.

34

지난날의 미덕이 쌓여 명예가 되다

우리의 상상력을 자극하는 고대 그리스의 원로원과 전장에서 활약하는 영웅들의 위풍당당함은 무엇에서 비롯되는가? 바로 줄줄이 이어진 과거의 위대한 날들과 승리에 대한 의식에서 비롯된다. 지난날의 위대함과 승리는 무대에서 앞으로 나아가는 배우에게 하나로 모은 빛을 비춰준다. 배우는 눈에 보이는 천사들의 호위를 받는 것이나 마찬가지다. 그것이 바로 채텀Chatham, 대영제국의 기초를 세운 영국의 정치가이자 뛰어난 웅변가인 제1대 채텀 백작 윌리엄 피트_옮긴이의 목소리에 천둥을 불어넣고, 조지 워싱턴George Washington, 미국 독립을 일구어낸 미국의 첫 대통령_옮긴이의 태도에 위엄을 안겨주고, 존 애덤스John Adams, 미국의 독립전쟁 지도자이자 제2대 대통령_옮긴이의 애국심을 고취시켰다.

명예는 이미 끝나버린 것이 아니므로 존귀하게 여겨야 한다. 명예는 언제나 오랜 세월을 기반으로 하는 미덕이다. 우리가 오늘날 명예를 중시하는 것은 명예가 이 시대의 것이 아니기 때문이다. 우리는 명예를 사랑하고, 명예에 경의를 표한다. 명예가 우리에게 사랑과 존경심을 강요해서가 아니라 독립적이고 자생적이기 때문이다. 그 덕택에 젊은 사람에게서 명예가 드러나더라도 그 명예는 오래되고 순수한 혈통을 지녔다고 볼수 있다.

35

순응이나 일관성이라는 말은 그만!

　나는 순응이나 일관성이라는 말을 우리가 오늘날 더는 안 들어도 되길 바란다. 그런 말은 이제부터 신문에나 실리고 조롱 거리가 되어야 한다. 저녁 식사가 준비되었음을 알리는 징 소리 대신 스파르타 군대의 피리 소리를 듣자. 더는 남에게 머리를 조아리고 사과하지 말자.

36

어디에나 위대한
사상가와 실행자는 있다

위대한 사람이 우리 집에 식사하러 온다고 생각해보자. 그러면 나는 그를 즐겁게 해주고 싶은 게 아니라 그가 나를 즐겁게 해주길 바란다. 나는 이곳에서 인류를 대표하며 인류가 친절하고 진실해 보이게 할 것이다.

이 시대에 만연한 겉만 번지르르한 평범함과 추잡한 자족감에 맞서고 그런 것들을 비난하자. 관습, 무역, 공직을 향해서 모든 역사의 결론인 다음의 사실을 던지자. 그 사실은, 사람들이 일하는 곳이라면 어디에나 책임감 있는 위대한 사상가와 실행자가 있다는 것이다. 그리고 진정한 인간은 다른 시간이나 공간에 속한 것이 아니라 일의 중심 그 자체라는 것이다. 그가 있는 곳에 자연이 있다. 그는 당신을 비롯한 모든 사람과 모든 일을 평가한다.

보통은 사회에 속한 사람을 보면 다른 것이나 다른 사람이 떠오른다. 하지만 위대한 사람의 성격과 실체는 아무것도 떠오르지 않게 하며 삼라만상을 대신한다. 그런 사람은 너무나 대단해서 모든 상황을 시시하게 만든다. 진정한 사람은 누구나 하나의 대의이자 국가이자 시대다. 그런 사람이 자기 계획을 완전하게 실행하려면 무한한 공간, 숫자, 시간이 필요하다.

37

위대한 사람의 발자취를 따르다

후대에 태어난 사람들은 가게 앞에 줄을 선 손님들처럼 위대한 사람의 발자취를 따른다. 카이사르Julius Caesar, 로마 공화정 말기의 정치가이자 장군_옮긴이가 태어나고 나서 그 후로 오랫동안 로마 제국이 번성했다. 마찬가지로 예수가 태어나자 신도 수백만 명이 그를 보면서 성장하고 그의 천재성을 받들게 되었다. 사람들이 예수를 인간의 미덕과 가능성을 보여주는 인물로 혼동할 정도다.

제도는 한 사람의 그림자가 길게 남는 것이다. 수도원 제도는 은둔 생활을 했던 성 안토니우스St. Anthony, 동방수도원을 창시한 이집트의 수도승_옮긴이의 그림자이며, 종교 개혁은 루터의 그림자다. 퀘이커파는 조지 폭스George Fox, 퀘이커교를 창설한 영국의 설교사_옮긴이, 감리교는 존 웨슬리John Wesley, 감리교운동을 이끈 영국의 신학자_옮긴이, 노예 제도 폐지는 토머스 클락슨Thomas Clarkson, 영국의 노예해방 운동가_옮긴이의 그림자다. 영국의 시인 존 밀턴은 고대 로마의 장군 스키피오

Scipio, 고대 로마의 장군이자 정치가_옮긴이를 '로마의 절정'을 보여준 인물로 여겼다. 그렇게 생각하면 인류의 역사는 굳세고 성실한 사람 몇 명의 전기로 매우 쉽게 요약할 수 있다.

38

날 위해 존재하는 세상임을 자각하자

사람은 자신의 가치를 알고 일이 돌아가는 상황을 지배해야 한다. 자신을 위해 존재하는 세상에서 무엇을 엿보거나 훔치거나 고아, 사생아, 침입자처럼 몰래 숨지 말아야 한다.

하지만 보통 사람은 탑을 세우거나 대리석으로 신을 조각하는 데 필요한 힘에 상응하는 가치를 자신에게서 발견하지 못한다. 그래서 그런 탑이나 조각을 보면 스스로가 초라하다고 느낀다. 그에게는 궁전, 조각상, 비싼 책이 화려한 마차만큼이나 이질적이고 가까이하기 어려운 것들이다. 그런 것들이 "댁은 누구십니까?"라고 묻는 것만 같다. 하지만 그런 것들은 전부 그의 것이다. 그의 관심을 얻으려고 애쓰고, 그에게 능력을 드러내서 자신들을 소유하라고 탄원하는 것들이다. 그림도 내 판결을 기다린다. 그림이 나에게 지시를 내리는 것이 아니라 내가 그림이 찬사를 받을 가치가 있는지 결정하는 것이다.

자신을 위해 존재하는 세상에서 무엇을 엿보거나 훔치거나

고아, 사생아, 침입자처럼 몰래 숨지 말아야 한다.

39

주정뱅이처럼 세상을 사는 이들

한 주정뱅이에 관한 유명한 우화가 있다. 주정뱅이는 길에서 만취 상태로 발견되어 공작의 집으로 실려갔다. 사람들은 그를 씻겨서 옷을 다시 입혀주고 공작의 침대에 눕혔다. 주정뱅이가 깨어나자 사람들이 그에게 아첨하면서 그를 공작처럼 극진하게 대접했다. 그랬더니 주정뱅이는 자기가 미쳤었다가 비로소 정신이 돌아왔다고 확신했다.

이 우화가 유명해진 것은 인간의 상태를 상징적으로 너무나 잘 보여주기 때문이다. 인간은 주정뱅이와 비슷한 상태로 세상을 살아간다. 그러다가 이따금 깨어나서 이성을 발휘하고 자신이 실제로는 군주임을 깨닫는다.

40

개인이 독창적인 시각으로 행동에 나설 때

우리가 읽는 책은 우리에게 구걸하고 아첨하는 내용이 많다. 역사를 살펴봐도 우리의 상상력은 우리를 자주 속인다. '왕국, 통치권, 권력, 재산' 같은 단어는 '작은 집에서 살면서 평범한 일을 하는 존이나 에드워드' 같은 말보다 더 번지르르하다. 하지만 인생은 왕에게나 평민에게나 똑같이 흘러가며, 그들이 사는 삶의 총합도 왕이든 평민이든 똑같다. 그렇다면 사람들이 앨프레드Alfred, 데인족을 크리스트교로 개종시킨 잉글랜드의 왕_옮긴이, 스칸데르베그Skanderbeg, 오스만 제국의 군대를 물리친 알바니아의 왕_옮긴이, 구스타부스Gustavus, 스웨덴이 유럽 강국으로 발전하는 데 기틀을 세운 왕_옮긴이에게 왜 그토록 경의를 표하는가? 설령 그들이 고결했다고 해도 미덕이 닳아 없어질 만큼 덕을 행했는가?

왕들의 공적이고 유명한 발자취만큼이나 오늘날 당신이 하는 개인적인 행동에도 많은 것이 달렸다. 개인이 독창적인 시

각으로 행동에 나설 때, 왕들의 행동에서 뿜어져 나오는 빛이
교양 있고 점잖은 사람들의 행동으로 옮겨갈 것이다.

　세상은 왕들의 지시를 받았고, 왕들은 국민의 시선을 사로잡
았다. 거대한 상징인 왕은 사람에서 사람으로 마땅히 전달되어
야 하는 상호 존중심을 세상에 가르쳤다. 사람들은 곳곳에서
기쁜 마음으로 충성하면서 왕, 귀족, 대지주가 자신의 법칙에
따라 그들과 함께 걷도록 허용했다. 왕, 귀족, 대지주가 사람과
사물을 판단하는 자신만의 기준을 만들고 다른 사람들의 기준
까지 바꾸도록 내버려뒀다. 그런 인물들은 돈이 아닌 명예로
혜택을 누린 값을 내고 법을 대신했다. 그들을 향한 사람들의
충성심은 모두의 권리인 옳고 적합한 것에 대한 자신의 의식을
어렴풋하게나마 나타내는 상형문자 같은 것이었다.

*Self
Reliance*

3장

나를 신뢰해야
삶의 혁명이 일어난다

내 영혼에서 솟아오르는 존재의 감각

　자신을 신뢰해야 하는 이유를 파악할 때 모든 독창적인 행동의 매력도 설명할 수 있다. 우리가 신뢰하는 사람은 누구인가? 보편적인 신뢰의 토대가 되는 본래의 자아는 무엇인가? 과학계를 당황하게 만드는 그 별의 본질과 힘은 무엇인가? 그 별은 시차視差도 없고, 계산할 수 있는 요소도 없다. 하지만 독립성이 조금이라도 드러나는 사소하고 부도덕한 행동에도 아름다운 빛 한 줄기를 쏟다. 이런 질문들은 우리가 '자발성'이나 '본능'이라고 부르는 것의 원천으로 우리를 단번에 이끈다. 그것이 바로 천재성, 미덕, 인생의 정수다. 우리는 이런 근원적인 지혜를 '직감'이라고 표현한다. 그 후에 얻는 가르침은 전부 '지식'이다.

　분석할 수 없는 최후의 사실에 담긴 그 심오한 힘 속에서 모든 것이 공통의 원천을 발견한다. 어떤 과정을 거치는지는 모

르지만 조용한 시간에 영혼으로부터 솟아오르는 존재의 감각
은 사물, 공간, 빛, 시간, 인간과 다르지 않으며 그것들과 하나
다. 전부 같은 원천에서 생명과 존재가 시작되는 것이다.

우리는 처음에는 사물을 존재하게 하는 생명을 사물과 공유
한다. 하지만 그 후에 사물이 자연 속에서 나타나는 모습을 보
고 나면, 우리가 사물과 같은 근원을 공유했다는 사실을 잊어
버린다. 여기에 행동과 생각의 원천이 있다. 여기에 인간에게
지혜를 불어넣는 영감의 허파도 있다. 그것을 부정하는 것은
불경한 태도로 무신론을 논하는 것이나 마찬가지다.

42

지성의 빛이 날 통과하도록 허용할 뿐!

우리는 이루 다 헤아릴 수 없는 지성의 무릎 위에 누워 있다. 그 덕택에 우리는 지성이 보여주는 진실의 수혜자이자, 지적인 활동의 도구가 된다. 정의와 진실을 파악할 때, 즉 진실을 파악할 때 우리가 스스로 하는 것은 아무것도 없다. 그저 지성의 빛이 우리를 통과하도록 허용할 뿐이다. 우리가 이 빛이 어디서 왔는지 자문한다면, 빛의 근원인 영혼을 파고든다면, 모든 철학이 거짓처럼 느껴질 것이다. 빛의 존재 또는 부재만이 우리가 단언할 수 있는 전부다.

누구나 자발적인 행동과 비자발적인 지각을 구별하며, 비자발적인 지각 덕택에 완전한 믿음이 가능하다는 것을 안다. 지각한 내용을 표현할 때 실수가 있을지는 몰라도 이런 일은 낮과 밤처럼 논란의 여지가 없다는 사실을 아는 것이다.

나의 의도적인 행동과 습득된 지식은 한군데 머물지 않는다.
빈둥거릴 때 찾아오는 몽상과 희미한 원초적인 감정은 나의 호
기심을 자극하고 존경심을 불러일으킨다.

나의 의도적인 행동과 습득된 지식은 한군데 머물지 않는다.
빈둥거릴 때 찾아오는 몽상과 희미한 원초적인 감정은
나의 호기심을 자극하고 존경심을 불러일으킨다.

43

지각은 숙명적인 것이다

경솔한 사람들은 지각에 바탕을 둔 남의 말을 남의 '의견'만큼이나 쉽게 반박한다. 그보다 '훨씬' 쉽게 반박할 때도 있다. 지각과 개념을 구별하지 못하기 때문이다. 그런 사람들은 내가 이것이나 저것을 보기로 '선택'했다고 착각한다. 하지만 지각은 달라지는 것이 아니라 숙명적인 것이다.

내가 어떤 특징을 보면 내 아이들도 내 뒤를 이어서 똑같은 특징을 볼 것이다. 그리고 시간이 지나면 인류 전체가 그것을 볼 것이다. 만일 그것을 나보다 일찍 본 사람이 없다면 그것은 순전히 우연일 뿐이다. 그 특징에 관한 나의 지각은 태양만큼이나 분명한 사실이기 때문이다.

44

단순하고 순수하게 신을 받아들이자

인간의 영혼과 신령의 관계는 너무나 순수해서 그 관계에 도움이 될 만한 것을 끼워 넣으려는 시도가 불경스럽게 느껴진다. 신은 말씀하실 때 한 가지가 아니라 모든 것을 전달하시는 것 같다. 신은 세상을 당신의 목소리로 채우시고 빛, 자연, 시간, 영혼이 현 생각의 중심에서 사방으로 흩어지게 하신다. 그렇게 새로운 날과 새로운 것들로 세상 전체를 창조하신다. 우리가 단순한 마음으로 신의 지혜를 받아들일 때마다 낡은 것들이 사라진다.

수단, 스승, 경전, 신전이 무너져 내린다. 우리의 마음은 현재에 머물면서 과거와 미래를 현재로 흡수한다. 모든 것은 이런 마음과의 관계 덕택에 신성해진다. 이것이나 저것이나 다 마찬가지다. 모든 것은 그 원인에 의해서 중심으로 녹아들고, 사소하고 특수한 기적들은 보편적인 기적 속에서 사라진다. 따라서

누군가가 신에 관해서 안다고 주장하고 신을 논하며 다른 세
상, 다른 나라에서 사라져가는 어떤 오래된 민족의 표현으로
당신을 이끈다면 그 사람을 믿지 마라.

45

지나간 과거를 숭배하지 마라

　도토리가 도토리의 충만하고 완성된 형태인 떡갈나무보다 나은가? 부모가 자신의 성숙한 존재를 바탕으로 만든 자식보다 나은가? 그렇다면 사람들은 과거를 왜 이렇게 숭배하는가?

　시간은 수 세기 동안 영혼의 온전함과 권위에 맞서서 음모를 세웠다. 시간과 공간은 인간의 눈이 만들어내는 생리적인 빛깔일 뿐이지만, 영혼은 빛이다. 빛이 현재 머무는 곳은 낮이고, 빛이 과거에 머물렀던 곳은 밤이다. 역사가 나의 존재와 내가 겪는 변화에 관한 유쾌한 교훈담이나 우화 이상의 것이 되어버리면, 결국 부적절해지고 피해만 입히고 만다.

46

왜 온전히 현재를 살지 못하는가

인간은 소심하며 남에게 잘 미안해한다. 더는 꼿꼿하게 서지도 못하고 감히 "나는 생각한다" 또는 "나는 존재한다"라고 말하지도 못한다. 그저 어떤 성인이나 현자의 말을 인용할 뿐이다. 그는 풀잎이나 바람에 흔들리는 장미 앞에서도 부끄러워한다. 하지만 내 창문 아래에 피어 있는 장미들은 더 먼저 핀 장미나 더 예쁘게 핀 장미를 언급하지 않는다. 장미는 있는 그대로의 모습으로 존재하며 '오늘' 신과 함께 있다.

장미에게 시간이란 없다. 단지 장미가 있을 뿐이다. 장미는 존재하는 모든 순간에 완벽하다. 장미는 잎눈이 트기 전부터 생명력이 넘친다. 꽃이 활짝 피었다고 해서 생명력이 더 왕성해지는 것도 아니고, 잎이 다 떨어지고 뿌리만 남았다고 해서 생명력이 줄어드는 것도 아니다. 장미의 본성은 충족되며, 장미는 모든 순간에 자연도 충족시킨다.

하지만 인간은 현재를 미래로 연기하거나 과거를 기억한다. 그는 현재에 살지 않는다. 그를 둘러싼 풍요로움에는 아랑곳하지 않고 과거를 돌아보며 통탄하거나, 미래를 내다보려고 발끝으로 선다. 그도 장미처럼 시간을 초월해서 자연과 더불어 현재에 살지 않는다면, 행복해지거나 강인해지지 못할 것이다.

이것은 너무나 당연한 이야기다. 그런데도 영향력 있는 지성인들조차 감히 신의 목소리를 직접 들으려고 하지 않는다. 다윗통일 이스라엘의 2대 왕_옮긴이, 예레미야Jeremiah, 고대 이스라엘 최후의 예언자_옮긴이, 바울그리스도교 대사도로 기독교 최초로 이방인에게 복음을 전함_옮긴이과 달리 신이 우리가 아는 말로 말씀하시지 않는 한 들으려는 시도조차 하지 않는다.

장미에게 시간이란 없다. 단지 장미가 있을 뿐이다.

장미는 존재하는 모든 순간에 완벽하다.

47

누군가의 말을 인용하려 애쓰지 마라

몇몇 경전이나 몇몇 인물의 삶에 항상 너무 큰 가치를 부여해서는 안 된다. 우리는 할머니나 선생님의 말씀을 기계적으로 반복하는 아이처럼 행동한다. 그러다가 나이가 들면서 우연히 만나는 재능 있고 인성 좋은 사람들의 말을 반복하게 된다. 우리는 그들이 한 말을 정확하게 기억해내려고 애쓴다.

나중에 그런 말을 했던 사람들의 시각을 이해하게 되면 그들의 말뜻도 이해할 수 있다. 그러고 나면 그들의 말을 그대로 인용하려고 더는 고생하지 않아도 된다. 언제든 기회가 찾아오면 자신의 말로도 그들의 말만큼이나 뜻을 잘 전달할 수 있기 때문이다.

48

진실하게 살면 진실을 볼 수 있다

진실한 삶을 살면 진실을 볼 수 있다. 강한 사람이 강하고 약한 사람이 약한 것만큼이나 당연한 이치다. 새로운 시각이 생기면 보물인 줄 알고 쌓아놓았던 기억을 오래된 쓰레기처럼 기꺼이 버릴 수 있을 것이다. 인간이 신과 함께 살면 신의 목소리가 개울의 속삭임이나 옥수수밭이 바스락거리는 소리만큼이나 달콤하게 들릴 것이다.

49

열정을 초월한 인간의 영혼

우리는 아직 이 주제에 관한 최고의 진실을 다루지 않았다. 이런 진실을 말로 표현할 수는 없을 것이다. 우리가 하는 모든 말은 지각에 관한 오래된 기억에 불과하기 때문이다. 지금 그런 진실에 최대한 근접하게 설명해보면 이런 식으로 말할 수 있다.

선善이 당신 곁에 있다면, 즉 당신 안에 생명력이 있다면 그 것은 이미 알려졌거나 우리에게 익숙한 방식으로 존재하지는 않을 것이다. 당신은 거기서 다른 사람의 발자취를 발견하거나 얼굴을 보거나 이름을 듣지 못할 것이다. 그 방식, 생각, 선善은 완전히 새롭고 낯설게 느껴질 것이다. 비슷한 사례나 경험은 없을 것이다. 우리는 다른 사람에게서 그런 방식을 얻을 뿐, 남에게 그것을 전해주지는 못한다.

지금까지 존재했던 모든 사람은 그런 방식의 잊힌 대리인이며, 그 아래에서는 두려움이나 희망이나 똑같은 감정이다. 희망에도 다소 침울한 구석이 있다. 통찰력이 생길 때도 감사하는 마음이나 기쁨이라고 제대로 부를 수 있는 것은 느껴지지 않는다. 열정을 초월한 인간의 영혼은 세상과 영혼 사이의 동질감과 영원한 인과 관계를 주시하며, '진실'과 '정의'가 스스로 존재한다는 것을 인식한다. 모든 일이 잘되리라는 사실을 아는 데서 평온함을 느끼기도 한다.

대서양이나 남해와 같은 자연의 광활한 공간, 그리고 여러 해나 세기와 같은 시간의 긴 간격은 아무 의미가 없다. 내가 생각하고 느끼는 이런 사실은 예전에 겪은 모든 삶과 상황의 바탕이 된다. 그것이 나의 현재, 삶이라고 불리는 것, 죽음이라고 불리는 것의 토대인 것과 마찬가지다.

50

왜 자기 신뢰를 논하는가

인생은 이미 산 시간이 아니라 지금 사는 순간이 가치 있다. 힘은 휴식을 취할 때 멈춰버린다. 힘은 과거의 상태에서 새로운 상태로 옮겨가는 순간에 존재한다. 바로 심연을 뛰어넘는 순간, 목표를 향해 달려가는 순간이다.

세상은 이런 사실을 싫어한다. 영혼에 변화가 생긴다는 사실을 좋아하지 않는다. 그런 사실로 인해 과거의 가치가 영원히 떨어지고, 부가 전부 가난이 되어버리고, 명성이 모두 치욕으로 바뀌기 때문이다. 게다가 그런 사실로 인해 성인과 범죄자를 혼동하고, 예수와 유다12사도 중 한 사람으로 예수를 배반한 제자_옮긴이를 똑같이 옆으로 밀쳐두게 되기도 한다. 그렇다면 우리는 왜 자기 신뢰를 논하는가? 영혼이 존재하는 한 단순히 자신감에서 비롯된 힘이 아니라 실제로 중요한 작용을 하는 힘이 있을 것이기 때문이다.

우리는 왜 자기 신뢰를 논하는가?
영혼이 존재하는 한 단순히 자신감에서 비롯된 힘이 아니라
실제로 중요한 작용을 하는 힘이 있을 것이기 때문이다.

51

자기를 신뢰하는 영혼이 존재한다

신뢰라는 개념에 관해서 말하는 것은 빈약하고 피상적인 표현 방식이다. 차라리 작용을 통해 존재하는 신뢰의 주체에 관해서 말하는 편이 낫다.

나보다 더 순종적인 사람이 손 하나 까딱하지 않고 나를 지배한다. 그런데도 나는 영혼이 이끄는 힘 때문에 그의 주위를 돌 수밖에 없다.

우리는 뛰어난 미덕에 관해 말할 때 그것이 미사여구일 뿐이라고 생각한다. 미덕이 '정점'임은 아직 깨닫지 못한다. 원칙을 받아들일 수 있는 유연한 사람들은 자연의 법칙에 따라 유연하지 못한 도시, 국가, 왕, 부자, 시인을 전부 압도하고 지배해야 한다. 모든 것은 영원히 축복받는 '하나'로 귀결된다. 이것은 다른 모든 주제와 마찬가지로 너무나 빨리 도달하게 되는 궁극적

인 사실이다. 자립은 '최고의 이상'이 지닌 속성이며 선善의 척
도로 여겨진다. 지위가 더 낮은 모든 존재의 자립도가 곧 선의
척도인 것이다. 실재하는 모든 것은 미덕이 얼마나 있는지에
따라 존재가 결정된다.

상업, 농사, 사냥, 고래잡이, 전쟁, 웅변, 개인적인 영향력은
좀 다르다. 이런 것들은 미덕과 부도덕한 행동이 공존하는 사
례로서 나의 관심을 사로잡는다.

나는 종의 보존과 성장을 위해서 이와 똑같은 법칙이 자연에
도 적용되는 것을 안다. 자연에서의 힘은 옳음을 판단하는 필
수적인 잣대다. 자연은 스스로 돕지 못하는 것은 자신의 왕국
에 남아 있도록 절대로 허용하지 않는다. 행성의 탄생과 성장,
그 행성의 평형과 궤도, 강한 바람에 휘어졌다가 다시 똑바로

서는 나무, 모든 동식물의 생존에 필수적인 자원은 누구든 자급자족할 수 있다는 것을 보여준다. 이것은 자기를 신뢰하는 영혼이 존재한다는 증거다.

52

집에서 내면의 대양과 소통하라

모든 것은 이렇게 한군데로 집중된다. 그러니까 밖에서 배회하지 말고 집에 앉아서 대의에 집중하자. 이런 신성한 사실을 간단하게 선언해 집에 쳐들어오는 폭도 같은 사람, 책, 제도를 망연자실하게 만들고 놀라게 하자. 신이 이곳에 들어와 계시니까 침입자들에게 신발을 벗으라고 말하자. 우리의 단순명료함으로 그들을 심판하자. 우리만의 법을 따르는 우리의 유순한 태도를 본래의 풍요로움과는 무관하게 자연과 운명의 빈곤함을 보여주는 증거로 삼자.

그런데 지금 우리는 폭도나 마찬가지다. 인간은 인간에게 경외심을 품지 않는다. 집에서 천재성을 발휘하면서 내면의 대양과 소통하라고 남을 질책하는 사람도 없다. 우리는 그 시간에 밖에 나가서 다른 사람들의 주전자에서 물을 한 잔 달라고 구걸한다. 하지만 우리는 앞으로 혼자 나아가야 한다.

53

내 정신을 드높이는 영적인 고립

나는 그 어떤 설교보다도 예배가 시작되기 전에 교회의 조용한 분위기를 좋아한다. 사람들이 각자의 성역이나 안식처에 둘러싸인 모습이 얼마나 초연하고 차분하고 순수해 보이는가! 그러니까 항상 앉자.

우리가 왜 친구, 아내, 아버지, 자식의 잘못을 책임져야 하는가? 그들이 우리와 함께 벽난로 앞에 앉는다는 것이나 우리와 피를 나눴다는 것이 정당한 사유가 되는가?

모든 사람에게 나의 피가 흐르고, 나에게도 모두의 피가 흐른다. 그렇다고 해서 내가 그들의 심술궂은 태도나 어리석은 행동을 모방하지는 않을 것이다. 그런 태도나 행동을 부끄럽게 여길 뿐이다. 하지만 고립은 기계적이지 않고 영적이어야 한다. 당신의 정신을 드높이는 활동이어야 한다.

54

그들의 혼란 속으로 들어가지 마라

때로는 온 세상이 매우 사소한 일들로 당신을 괴롭히려고 음모를 꾸미는 것처럼 느껴질 것이다. 친구, 손님, 아이, 질병, 두려움, 결핍, 자선이 전부 한꺼번에 당신의 벽장 문을 두드릴 것이다. 그러고는 "어서 나와서 우리에게 오세요"라고 말할 것이다. 그렇더라도 그 자리에 그대로 있어라. 그들의 혼란 속으로 걸어 들어가지 마라.

나는 미약한 호기심을 드러내는 바람에 사람들에게 나를 약오르게 할 힘을 주고 만다. 누구도 내 행동을 통하지 않고서는 나에게 가까이 올 수 없다. "우리는 사랑하는 것을 가지고 있다. 하지만 욕망 때문에 그 사랑을 잃어버린다."

55

거짓된 환대와 애정을 경계하자

만일 우리가 순종과 믿음이라는 신성한 경지에 곧바로 이를 수 없다면 적어도 유혹은 뿌리쳐야 한다. 전투태세에 돌입해서 토르천둥, 전쟁, 농업을 주관하는 북유럽 신화의 신_옮긴이와 오딘지식, 문화, 군사를 주관하는 북유럽 신화의 신_옮긴이을 깨워내자. 그리고 우리 가슴에 품은 용기와 지조를 일깨우자. 평화로운 시기에 그러기 위해서는 진실을 말해야 한다. 거짓된 환대와 애정을 경계하자. 우리와 대화를 나누는, 서로 속고 속이는 사람들의 기대에 더는 부응하면서 살지 말자.

그 대신 그들에게 이렇게 말하자. "아버지, 어머니, 아내, 형제, 친구여! 나는 지금까지 겉으로 보이는 것만 추구하면서 당신과 함께 살았습니다. 하지만 이제부터는 진실의 편에 서겠습니다. 이제부터는 내가 영원법이 아닌 그 어떤 법도 따르지 않겠다는 것을 당신에게 알립니다. 나는 가까운 사람이 아닌 그 누구와도 계약을 맺지 않겠습니다. 나는 부모를 모시고, 가족을 부양하고, 하나뿐인 아내에게 충실한 남편이 되기 위해 노력하겠습니다. 하지만 나는 이런 관계를 전례 없는 새로운 방식으로 채워 나가려고 합니다. 당신의 관습을 그대로 따르지는 않으려고 합니다. 나는 나다워야 합니다. 당신을 위한다는 명목으로 더는 나나 당신을 망가뜨릴 수 없습니다.

당신이 있는 그대로의 나를 사랑할 수 있다면 우리는 더 행복해질 것입니다. 설령 당신이 그럴 수 없더라도 나는 여전히 당신에게 있는 그대로의 모습으로 사랑받을 자격이 있도록 노력하겠습니다. 나는 좋아하는 것과 싫어하는 것을 숨기지 않겠습니다. 나는 심오한 것이 신성하다고 믿습니다. 나의 마음을 기쁘게 해주는 것, 그리고 내 마음이 원하는 것이라면 어떤 일이든 확고한 태도로 임하겠다고 해와 달 앞에서 맹세합니다.

당신이 고결하다면 나는 당신을 사랑할 것입니다. 설령 당신이 고결하지 못하더라도 위선적인 관심으로 당신과 나에게 상처를 주지 않을 것입니다. 당신이 진실하더라도 나와는 다른 진실을 섬긴다면 당신은 마음이 맞는 친구들과 계속 함께하십시오. 나는 내 친구들을 따로 찾아 나서겠습니다. 이기적인 마음이 아니라 겸손하고 진실한 마음으로 그렇게 하는 것입니다. 우리가 얼마나 오랫동안 거짓 속에서 살았든 이제라도 진실 속에서 산다면 그것은 당신, 나, 모든 사람을 위하는 일일 것입니다. 이 말이 가혹하다고 생각하십니까? 지금은 그렇게 느껴질지 몰라도 당신도 곧 나의 본성뿐 아니라 당신의 본성에도 맞는 것을 사랑하게 될 것입니다. 우리가 진실을 따라간다면 마침내 안전해질 것입니다."

당신이 이런 식으로 말하면 친구들에게 고통을 줄지도 모른다. 하지만 그들의 감정을 상하지 않게 하려고 나의 자유와 힘을 포기할 수는 없다. 게다가 누구나 깨달음의 순간이 찾아오면 절대적인 진실의 영역을 들여다보게 된다. 그때 사람들은 나의 행동을 이해하고 나와 똑같이 행동할 것이다.

당신이 있는 그대로의 나를 사랑할 수 있다면 우리는 더 행복해질 것입니다.

설령 당신이 그럴 수 없더라도 나는 여전히 당신에게

있는 그대로의 모습으로 사랑받을 자격이 있도록 노력하겠습니다.

56

나만의 확고한 주장과 완벽한 세계

대중은 당신이 일반적인 기준을 거부하는 행동을 모든 기준을 거부하고 도덕률을 폐기하려는 행위로 여긴다. 대담한 감각론자는 실제로 자기 범죄가 그럴듯하게 보이도록 철학을 들먹인다. 하지만 의식의 법칙은 여전히 작용한다.

속죄에는 2가지 방법이 있으며, 둘 중 한 가지를 선택해야 한다. 여러 의무를 수행하면서 속죄하는 직접적인 방법이 있고, 반사적인 방법이 있다. 반사적인 방법은 당신이 아버지, 어머니, 사촌, 이웃, 마을, 고양이, 강아지와의 관계를 충족했는지 따져보는 것이다. 그중에서 누군가가 당신을 신랄하게 비난할 가능성이 있는지 생각해봐라. 직접적인 방법은 이런 반사적인 기준을 무시하고 나의 죄를 스스로 용서하는 것이다.

나에게는 나만의 확고한 주장과 완벽한 세계가 있다. 직접 속죄하는 방법은 의무라고 불리는 여러 임무에 의무라는 이름이 붙는 것을 부정한다. 하지만 내가 그 빚을 갚을 수 있다면 세상의 일반적인 규칙을 떨쳐낼 수 있을 것이다. 만일 누군가가 이런 규칙이 느슨하다고 생각한다면, 하루라도 규칙에 따른 계명대로 살아보게 해라.

57

자기에게 엄격한 주인 역할을 하자

인류의 공통적인 동기에서 벗어나서 자기에게 엄격한 주인 역할을 할 수 있다고 스스로 믿는 사람에게는 신과 같은 특징이 있어야 한다. 그런 사람은 마음이 고결하고, 의지가 굳세고, 판단력이 명확해야 한다. 그는 자신에게 진지한 교리, 사회, 법이 될 수 있으며, 단순한 목적도 그에게는 꼭 필요한 것일 수 있다!

사회라고 불리는 것의 현 측면들을 살펴보면 이런 윤리의 필요성이 보일 것이다. 우리는 근육과 심장이 뜯겨나가기라도 한 것처럼 겁이 많아졌고 낙담한 나머지 훌쩍거리는 울보가 되었다. 우리는 진실, 운명, 죽음, 그리고 서로를 두려워한다. 우리가 사는 이 시대에 위대하고 완벽한 인물은 탄생하지 않았다.

우리는 근육과 심장이 뜯겨나가기라도 한 것처럼 겁이 많아졌고
낙담한 나머지 훌쩍거리는 울보가 되었다.
우리는 진실, 운명, 죽음, 그리고 서로를 두려워한다.

58

끊임없이 구걸하게 된 우리들

우리는 삶과 우리의 사회적인 상황에 개혁의 바람을 불어넣어 줄 남자들과 여자들을 원한다. 하지만 사람들은 대부분 파산했으며, 자신의 욕구조차 충족하지 못한다. 그들은 실질적인 영향력에 비해서 야망이 원대하며 밤낮으로 끊임없이 다른 사람들에게 의지하고 구걸한다. 우리는 구걸해야 할 정도로 살림살이가 좋지 않다.

우리의 예술, 직업, 결혼, 종교 등은 우리 스스로 선택한 것이 아니라 사회가 우리를 위해서 골라준 것이다. 우리는 말뿐인 병사들이다. 우리는 힘이 탄생하는 운명의 고된 전투를 외면한다.

59
자기 시대와 나란히 걷는다는 것

우리의 젊은이들은 첫 번째 시도에서 실패를 겪으면 전의를 상실해버린다. 젊은 상인이 사업에서 실패하면 사람들은 그가 무너졌다고 말한다. 최고의 인재가 일류 대학을 졸업하고 나서 1년 안에 보스턴이나 뉴욕 또는 그 교외에 자리를 잡지 못한다고 생각해보자. 그러면 그의 친구들뿐만 아니라 본인도 크게 실망하고 그가 남은 인생 내내 불평하는 것이 당연하다고 생각할 것이다.

이번에는 뉴햄프셔주나 버몬트주 같은 시골에서 자란 청년이 수년에 걸쳐서 온갖 일을 다 해보고, 짐을 나르고, 농사를 짓고, 물건을 팔러 다니고, 학교를 운영하고, 신문을 편집하고, 의회에 진출하고, 땅을 많이 사들인다고 생각해보자. 그 청년은 높은 곳에서 떨어져도 항상 고양이처럼 땅에 사뿐히 착지한다. 그런 사람은 도시에 사는 도자기 인형 같은 사람 백 명만큼의

가치가 있다. 그는 자기 시대와 나란히 걸으며 '직업을 위한 전
문 교육'을 받지 않는 것을 부끄러워하지 않는다. 인생을 미루
지 않고 이미 살고 있기 때문이다. 그에게는 기회가 한 번이 아
니라 백 번이나 있다.

60

동정받는 것을 부끄러워하라

스토아학파 기원전 3세기 제논에서 시작되어 기원후 2세기까지 이어진 그리스 로마 철학의 한 학파로 보편적인 이성과 금욕적인 삶을 중시함_옮긴이 철학자에게 인간의 능력을 개발하게 해라. 그리고 사람들에게 그들이 어딘가에 기대야 하는 버드나무가 아니라 홀로 설 수 있고 꼭 그래야만 하는 존재임을 알리게 해라. 자기 신뢰를 실천하면 새로운 힘이 나타날 것이다.

인간은 육신이 된 신의 말씀이며 다른 사람들을 치유하기 위해 태어났다. 인간은 동정받는 것을 부끄러워해야 한다. 그가 법률, 책, 우상 숭배, 관습을 창밖으로 던져버리고 자기 뜻대로 행동하는 순간, 우리는 그를 더는 동정하지 않고 오히려 고마워하고 숭배할 것이다. 그런 스승은 인간의 삶을 다시 영예롭게 해주고 자기 이름을 역사에 남길 것이다. 스토아 철학자가 이 모든 이야기를 사람들에게 들려줘야 한다.

자신을 신뢰하는 마음이 더 커지면 인간의 모든 일과 인간관계,
즉 종교, 교육, 직업, 생활 방식, 교제, 재산, 사색적인 관점에서
혁명이 일어나게 된다는 사실은 불 보듯 뻔해진다.

자신을 신뢰하는 마음이 더 커지면 인간의 모든 일과 인간관계, 즉 종교, 교육, 직업, 생활 방식, 교제, 재산, 사색적인 관점에서 혁명이 일어나게 된다는 사실은 불 보듯 뻔해진다.

Self
Reliance

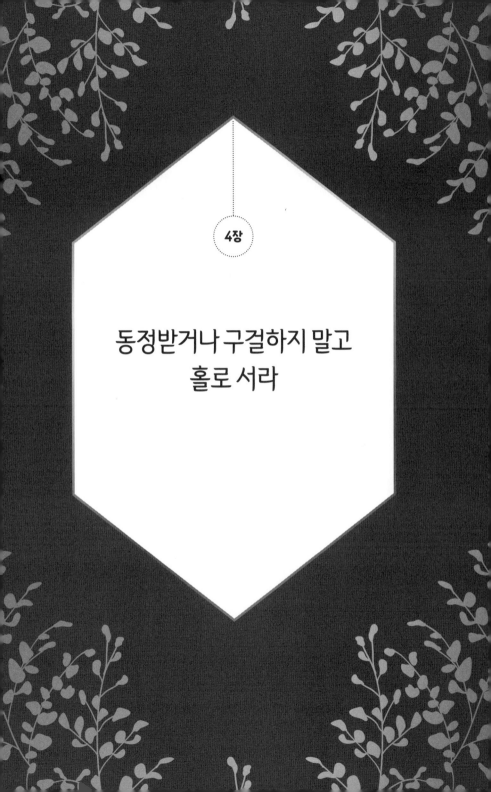

4장

동정받거나 구걸하지 말고
홀로 서라

61

밖을 향해 갈망하는 기도는 비열하다

인간은 어떤 기도에 열중하는가! 사람들이 신성한 임무라고 부르는 것은 그렇게 용감하고 영예로운 일은 아니다. 인간의 기도는 밖을 향한다. 우리는 기도를 하면서 외부의 미덕을 통해 외부에서 무엇인가가 더해지기를 소망한다. 기도는 자연과 초자연, 중재와 기적으로 이루어진 끝없는 미로 속에서 존재를 잃어버린다. 완전한 선善이 아닌 특정한 것을 갈망하는 기도는 사악하다.

기도는 가장 숭고한 시각으로 인생사를 숙고하는 것이다. 그것은 인생을 보면서 환희에 취하는 영혼의 독백이다. 그것은 당신이 하신 일이 선하다고 선언하시는 신의 영혼이다. 하지만 개인적인 목적을 달성하기 위한 수단으로 기도를 이용하는 일은 비열한 도둑질이다. 그런 행위는 자연과 의식의 통일성이 아닌 이원성을 전제로 한다.

인간이 신과 하나가 되는 순간, 더는 구걸하지 않을 것이다. 그런 사람은 인간의 모든 행동에서 기도를 발견할 것이다. 잡초를 뽑으려고 밭에서 무릎을 꿇는 농부의 기도와 노를 저으면서 무릎을 꿇는 뱃사공의 기도는 목적이 비록 하찮더라도 자연을 통해서 들려오는 진실한 기도다. 영국의 극작가 플레처John Fletcher, 17세기 초 영국의 극작가로, 보몬트와 합작해 희비극을 발표하면서 셰익스피어와 라이벌이 되는 등 큰 인기를 누림_옮긴이가 쓴 『본두카Bonduca』에서 카라타크Caratch는 신인 아우다테Audate의 의중을 떠보라는 명령을 받고 이렇게 말한다. "신의 숨은 뜻은 우리의 노력 속에 있다. 우리의 용기가 우리에게는 최고의 신이다."

62

후회하는 기도도 거짓 기도다

　거짓 기도의 또 다른 유형은 후회다. 불만은 자기 신뢰가 부
족하고 의지가 약할 때 생긴다. 재난을 애석하게 생각하는 것
이 고통받는 사람들에게 도움이 될 수 있다면 그렇게 해라. 그
렇지 않다면 자기 일에 집중해라. 그러면 불행이 벌써 수습되
기 시작할 것이다.

63

동정하지 말고 진실을 들려주자

　동정심도 후회만큼이나 야비한 감정이다. 우리는 바보같이 울고 있는 사람들에게 다가가서 옆에 앉아 함께 울어준다. 하지만 그들에게 진실을 들려주고 그들이 건강을 회복할 수 있게 도우면서 정신적인 자극을 주는 편이 낫다. 그러면 그들이 자신의 이성과 다시 소통할 수 있을 것이다.

64

신은 나아가는 이에게 손을 내미신다

행운의 비결은 우리 손안에 있는 기쁨이다. 신과 인간 모두에게 항상 환영받는 것은 스스로 돕는 사람이다. 그런 사람을 위해서는 문이 전부 활짝 열려 있다. 모두가 그를 반갑게 맞이하고, 모든 영광이 그에게 돌아가고, 모두가 갈망하는 시선으로 그를 쫓는다. 우리는 사랑으로 그를 감싸 안는다. 그에게 우리의 사랑이 필요하지 않았기 때문이다. 그는 자신의 길을 고수하고, 우리의 반감에 신경 쓰지 않았다. 그래서 우리는 걱정스럽고 미안한 마음으로 그를 어루만지고 축하해준다. 사람들이 그를 미워했기에 신은 그를 사랑하신다.

조로아스터Zoroaster, 자라투스트라의 영어명으로, 조로아스터교의 창시자이자 고대 페르시아의 종교개혁가_옮긴이는 이렇게 말했다. "굴하지 않고 앞으로 꿋꿋하게 나아가는 사람들에게 신성한 존재들은 재빨리 손을 내미신다."

행운의 비결은 우리 손안에 있는 기쁨이다.

신과 인간 모두에게 항상 환영받는 것은 스스로 돕는 사람이다.

65

누군가의 추종자가 되면 걸리는 병

인간의 기도는 병에 걸린 의지의 산물이다. 이와 마찬가지로 인간의 신념은 병에 걸린 지성의 산물이다. 사람들은 어리석은 이스라엘인들과 함께 이렇게 말한다. "하나님이 우리에게 말씀하지 말게 하소서. 우리가 죽을까 하나이다. 당신이 우리에게 말씀하소서. 인간이라면 누구든 우리에게 말씀하소서. 우리가 따르겠나이다."이스라엘 백성들이 모세에게 한 말, 출애굽기 20장 19절 참조_옮긴이

나는 그 어디에서든 내 형제 안에 있는 신을 만날 때 방해를 받는다. 그가 자신의 신전 문을 닫은 채로 자기 형제의 신이나 그 형제의 또 다른 형제의 신에 관한 이야기만 읊어대기 때문이다.

새로운 지성인이 등장할 때마다 새로운 분류법이 생긴다. 그 지성인이 비범한 행동력과 힘을 갖췄다고 판명이 나면, 다른

사람들에게 자신의 분류법을 적용하게 된다. 그렇게 새로운 시스템이 탄생한다. 로크Locke, 영국의 철학자이자 정치사상가로서 계몽철학 및 경험론 철학의 원조_옮긴이, 라부아지에Lavoisier, 화학혁명의 중심인물인 프랑스의 화학자_옮긴이, 허턴Hutton, 현대 지질학의 아버지로 불리는 영국의 지질학자_옮긴이, 벤담Bentham, 공리주의를 체계적으로 연구한 영국의 철학자_옮긴이, 푸리에Fourier, 열전도론을 연구한 프랑스의 수학자_옮긴이가 그런 경우다. 새로운 분류법을 만든 지성인의 만족감은 사상의 깊이와 그 사상이 영향을 끼치고 추종자들의 손이 닿는 범위에서 끌어들일 수 있는 대상의 수에 비례한다.

하지만 이런 특징은 주로 교리와 교회에서 드러난다. 교리와 교회도 어떤 강력한 지성인이 주창한 사상의 한 분류법이다. 지성인은 인간의 의무에 관한 기본적인 생각과 인간과 신의 관계를 바탕으로 사상을 창시한다. 칼뱅주의16세기 프랑스의 종교개혁가 칼뱅에게서 발단한 기독교 사상_옮긴이, 퀘이커교17세기 영국의 조지 폭스가 창설한 급진적 청교도 운동의 한 분파_옮긴이, 스베덴보리교17세기 스웨덴의 신학자였던 에마누엘 스베덴보리의 신학에서 영향을 받은 신흥종교_옮긴이가 바로 그런 예에 해당한다.

이런 교리의 추종자들은 모든 것을 새로운 용어로 설명하는 것에서 이제 막 식물학을 배운 소녀가 새로운 흙과 새로운 계절에서 느끼는 즐거움과 똑같은 즐거움을 느낀다. 추종자들은 스승의 사상을 공부하면서 한동안은 자신의 지적인 능력이 향상되었다고 생각할 것이다. 하지만 정신적으로 불안정한 사람들은 분류법을 우상화하고 그것을 빨리 쓰고 고갈시키는 수단이 아닌 하나의 목적으로 여긴다.

그래서 그들의 눈에는 머나먼 지평선에서 그 체계를 둘러싼 벽이 우주를 둘러싼 벽과 한데 섞이는 것처럼 보인다. 그들에게는 하늘에 떠 있는 해와 달이 스승이 세운 구조물에 걸려 있는 것처럼 보인다. 그런 사람들은 당신 같은 이방인들이 어떻게 해와 달을 볼 권리를 얻었는지, 어떻게 해와 달을 볼 수 있는지 이해하지 못한다. '어떻게 했는지는 몰라도 우리에게서 빛을 훔쳐갔나 봐'라고 생각하는 것이다. 그들은 그 빛이 체계적이지 않고 그 무엇에도 굴복하지 않아서 어떤 오두막에든 침투할 것이라는 사실을 인식하지 못한다. 그들의 오두막도 결코 예외가 아니다.

그들이 잠시 그 빛이 자신들의 것이라고 떠들게 내버려둬라. 만일 그런 사람들이 열심히 정직하게 살아간다면 지금은 새롭고 깔끔한 그들의 오두막이 언젠가 좁고 낮게 느껴질 것이다. 그러면 그 오두막은 금이 가고, 기울어지고, 썩어 없어질 것이다. 젊음과 기쁨이 담기고 수많은 천체와 색으로 이루어진 불멸의 빛은 마치 세상의 첫 아침처럼 온 우주를 비출 것이다.

66

현명한 사람은 집에 머문다

많이 배운 미국인들이 '여행'이라는 미신에 여전히 매력을 느끼는 것은 자기 수양이 부족하기 때문이다. 그들은 이탈리아, 잉글랜드, 이집트를 숭배한다. 상상 속에서 잉글랜드, 이탈리아, 그리스를 숭엄한 곳으로 만든 사람들은 그곳이 지구의 축이라도 되는 것처럼 그 지역에 재빨리 눌러앉았다. 그래서 그 지역들이 숭배의 대상이 된 것이다.

우리는 용감해지는 시기에 우리가 머무는 곳에 대해 의무감을 느낀다. 영혼은 여행자가 아니다. 현명한 사람은 집에 머문다. 필요한 것이나 의무가 그를 집 밖이나 외국으로 불러내더라도 그의 마음만은 여전히 집에 남는다. 그는 자신이 침입자나 시종이 아닌 지혜와 미덕의 전도사로 가는 것이며, 군주처럼 도시와 사람들을 방문한다는 것을 사람들에게 표정으로 전달한다.

67

거대한 것을 찾는 여행은 위험하다

나는 미술, 공부, 자선 행위를 위해서 세계 일주를 하는 것은 무작정 반대하지 않는다. 다만 자기가 아는 것보다 더 거대한 것을 찾으리라는 희망은 품지 않고 외국에 가길 바란다.

단순히 재미를 위해서 또는 자신에게 없는 것을 구하려고 여행을 떠나는 사람은 여행하면서 오히려 자신과 멀어지게 된다. 그런 사람은 젊더라도 오래된 것들 사이에서 늙어버린다. 그의 의지와 정신은 고대 도시 테베Thebes, 이집트의 고대도시_옮긴이와 팔미라Palmyra, 시리아의 사막에 있는 유적지_옮긴이에서 그 도시들만큼이나 낡고 황폐해진다. 여행자가 폐허가 된 곳으로 폐허를 들고 가는 셈이다.

자기가 아는 것보다 더 거대한 것을 찾으리라는
희망은 품지 않고 외국에 가길 바란다.

68

여행은 어리석은 사람을 위한 천국

여행은 어리석은 사람을 위한 천국이다. 여행을 몇 번 해보면 어디를 가든 큰 차이가 없다는 것을 알게 된다. 집에 있을 때는 나폴리나 로마를 떠올리면서 그런 곳에 가면 아름다움에 흠뻑 취해서 슬픔을 잊을 수 있으리라고 생각한다. 그래서 짐을 싸고, 친구들을 안아주고, 바다로 향한다. 그러고는 마침내 나폴리에서 잠을 깬다. 하지만 거기서도 내가 벗어나려던 무자비한 슬픈 자아가 내 옆에 똑같은 모습으로 있다는 가혹한 현실을 깨닫게 된다.

나는 바티칸과 왕궁을 찾아가서 그곳의 풍경과 그것을 보면 연상되는 것들에 취한 척한다. 하지만 나는 전혀 취하지 않는다. 어디를 가든 내 안의 거인이 따라오기 때문이다.

69

여행에 대한 갈망은 불안정함이다

여행에 대한 갈망은 더 깊은 불안정함을 나타내는 증상이다. 이런 불안정함은 지적인 활동 전체에 영향을 미친다. 지성은 방랑자이며, 우리의 교육 제도는 불안감을 조성한다.

70

내 마음속으로 여행을 떠나자

우리는 몸이 집에 있어야 하는 상황에서도 마음은 여행을 떠 난다. 인간은 본래 다른 사람의 행동을 모방한다. 마음으로 여 행하는 것이 모방이 아니면 무엇이 모방이겠는가? 우리는 이 국적인 취향에 맞게 집을 짓고 이국적인 장식품으로 선반을 꾸 민다. 우리의 의견, 취향, 능력은 '지나간 것'과 '멀리 있는 것' 에 의존하고 그런 것을 추구한다.

인간의 영혼은 예술이 번성하는 곳이라면 어디서든 예술을 창조했다. 화가가 모델을 찾아 나선 곳은 자신의 마음속이었 다. 어떤 일을 해야 하고 어떤 상황을 지켜봐야 하는지에 자기 생각을 적용한 것이다.

우리가 왜 도리아 양식그리스 건축의 초기 양식으로서 도리아계 그리스인들이 발전 시켰고 이후 로마인들이 수정함_옮긴이이나 고딕 양식12~14세기 동안 중세 서유럽에서 크게 유행한 미술 양식_옮긴이을 모방해야 하는가? 아름다움, 편리함, 원대한 사상, 기발한 표현은 다른 사람뿐만 아니라 우리와도 가까이 있다. 만일 미국인 화가가 마음속에 희망과 사랑을 품은 채 기후, 흙, 낮의 길이, 사람들의 요구사항, 정부의 관례와 형태를 고려해서 자기가 해야 할 일을 연구한다면 이 모든 것을 충족하는 집을 지을 수 있을 것이다. 그 집에는 사람들의 취향과 정서도 만족스럽게 반영될 것이다.

71

절대로 다른 사람을 모방하지 마라

당신의 생각을 고수해라. 절대로 다른 사람을 모방하지 마라. 당신의 재능은 그것을 평생 갈고닦으면서 쌓아온 힘으로 어느 순간에든 보여줄 수 있다. 하지만 다른 사람에게서 빌린 재능은 미봉책이며 반쪽짜리 재능이나 마찬가지다.

각자가 가장 잘할 수 있는 일은 오직 조물주만이 알려주실 수 있다. 그 사람이 재능을 드러내기 전까지는 아무도 그의 재능을 알아내지 못한다.

셰익스피어William Shakespeare, 영국이 낳은 위대한 극작가_옮긴이를 가르칠 수 있었을 스승은 어디에 있는가? 프랭클린Benjamin Franklin, '미국 건국의 아버지' 중 한 명_옮긴이, 워싱턴, 베이컨Francis Bacon, 근세 철학의 선구자_옮긴이, 뉴턴 같은 사람들을 지도할 수 있었을 스승은 어디에 있는가? 위대한 인물은 누구나 유일무이하다. 스키피오Scipio Aemilianus, 고대 로마의 정치가이자 장군으로 제2차 포에니 전쟁에서 크게 활약함_옮긴이가 내세운 스키피오주의는 그가 남에게서 빌릴 수 없었던 바로 그 부분이다. 마찬가지로 셰익스피어의 작품을 아무리 열심히 연구하더라도 셰익스피어 같은 인재를 양성할 수는 없다.

각자가 가장 잘할 수 있는 일은 오직 조물주만이 알려주실 수 있다.

그 사람이 재능을 드러내기 전까지는

아무도 그의 재능을 알아내지 못한다.

72

심장이 시키는 대로 주어진 일을 하라

당신에게 주어진 일을 해라. 그러면 큰 기대를 품거나 도전 정신을 발휘해도 괜찮을 것이다. 바로 이 순간 당신은 페이디 아스Pheidias, 그리스의 조각가로 고전 전기의 숭고양식을 대표하는 거장_옮긴이의 거대한 끌, 이집트인의 흙손, 모세나 단테Dante Alighieri, 이탈리아가 낳은 위대한 시 인_옮긴이의 펜에 견줄 만큼 용감하고 위대한 발언을 할 수 있다. 이때 당신의 표현은 이 모든 것과는 다를 것이다. 풍요롭고 표현이 풍부한 인간의 영혼은 천 개로 갈라진 혀로 같은 말을 반복하지 않을 것이다. 하지만 이 창시자들이 한 말을 들을 수 있다면 당신은 분명히 똑같은 어조로 그들의 말에 답할 수 있을 것이다. 귀와 혀는 본성이 같은 두 개의 기관이기 때문이다.

삶의 소박하고 고결한 영역에서 살면서 심장이 시키는 대로 해라. 그러면 태초의 세계를 다시 재현할 수 있을 것이다.

73

기술을 얻는 대신 본능을 잃은 사회

우리의 종교, 교육, 미술은 밖을 바라본다. 우리의 사회정신
도 그렇다. 사람들은 사회가 나아지고 있다고 우쭐대지만, 인
간은 아무도 나아지지 않는다.

사회는 절대로 발전하지 못한다. 설령 한쪽에서 진보하더라
도 다른 쪽에서는 그만큼이나 빠른 속도로 퇴보하기 때문이
다. 사회는 끊임없이 변화를 겪는다. 미개한 사회가 문명화되
고, 기독교화되고, 풍요로워지고, 과학적으로 변했다. 하지만
이런 변화가 개선은 아니다. 무엇인가를 얻으면 무엇인가는
잃게 된다. 사회는 새로운 기술을 얻는 대신 오래된 본능을 잃
어버린다.

미국인과 뉴질랜드 원주민의 대비는 얼마나 극명한가! 미국
인은 옷을 잘 차려입고, 책을 읽고, 글을 쓰고, 생각한다. 주머

니에 시계, 연필, 환어음을 넣고 다니기도 한다. 반면에 벌거벗은 뉴질랜드 원주민은 재산이라고는 몽둥이, 창, 거적, 그리고 스무 명씩 함께 자는 오두막에서 자기 몸 하나 누일 자리뿐이다. 하지만 두 사람의 건강 상태를 비교해보면 백인이 원시적인 힘을 잃었다는 사실을 알 수 있을 것이다.

만일 여행자들이 우리에게 사실대로 말했다면 뉴질랜드의 야만인은 날이 넓은 도끼로 내리치더라도 살이 하루나 이틀 만에 잘 붙고 아물 것이다. 마치 도끼를 살살 휘두른 것처럼 말이다. 하지만 백인을 똑같이 내리치면 그는 무덤으로 들어가게 것이다.

74

세련된 것을 추구하다가 잃어버린 것들

문명화된 인간은 마차를 만들었지만 마차가 생기자 발을 쓸 일이 없어졌다. 그는 목발에 의지하지만 근육의 지탱하는 힘이 너무 약해졌다.

문명인은 제네바에서 만든 훌륭한 시계를 차지만 해를 보고 시간을 알아내는 능력을 잃어버렸다. 그에게는 그리니치 천문대의 항해력이 있어서 원할 때 언제든 정확한 정보를 얻을 수 있다. 하지만 길에 서 있을 때는 밤하늘의 별을 볼 줄 모른다. 그는 하지와 동지를 관찰할 줄 모르고, 춘분과 추분에 대해서도 아는 것이 거의 없다. 하늘은 1년 내내 날짜를 알려주는 밝은 달력이나 마찬가지지만 문명인에게는 별 도움이 되지 않는다. 그는 노트에 필요한 것을 적는 습관이 들어서 기억력이 떨어졌고, 도서관에 들락날락하면서 재치를 잃어버렸다. 게다가 보험회사가 사고 건수가 늘어나는 데 일조하고 있다. 이쯤 되면 기계가 인간에게 걸리적거리는 존재는 아닌지 자문해볼 수 있다.

우리가 세련된 것을 추구하다가 에너지를 잃지는 않았는가? 기독교가 여러 제도와 관례에 깊숙이 자리 잡으면서 우리가 자연적인 미덕의 활력을 잃지는 않았는가? 과거에 스토아 철학자는 전부 진정한 스토아 철학자였다. 그런데 기독교의 세계에서 진정한 기독교 신자는 어디에 있는가?

75

왜 위대한 인물이 더 이상 나오지 않는가

시대가 달라진다고 해서 높이나 부피를 측정하는 기준이 크게 달라지지 않는 것처럼 도덕적인 기준도 거의 달라지지 않는다. 마찬가지로 오늘날의 위대한 인물들이 과거보다 더 대단한 것은 아니다.

인류의 역사 초창기에 활약한 위인들과 최근의 위인들 사이에 비슷한 면이 있을 것이다. 19세기의 과학, 미술, 종교, 철학이 플루타르크Plutarch, 고대 그리스의 철학자이자 정치가로 『영웅전』의 작가이기도 한_옮긴이의 작품에 등장하는 2,300~2,400년 전에 활약한 영웅들보다 더 뛰어난 인물을 가르치는 데 도움이 되지는 않을 것이다. 인류는 시간의 흐름에 따라 발전하지 않는다.

포키온Phocion, 고대 그리스의 정치가이자 철학자_옮긴이, 소크라테스, 아낙사고라스Anaxagoras, 고대 그리스의 자연철학자_옮긴이와 디오게네스Diogenes, 초기

^{스토아학파 철학자로 견유학파를 상징하는 인물_옮긴이}는 모두 위대한 인물이다. 하지만 그들은 자신들과 비슷한 인재를 배출하지 못했다. 정말로 그들과 동급인 인물이 있다면, 그들의 이름으로 불리지 않고 자기 이름으로 불리면서 학파를 창시할 것이다.

76

기계가 더 좋아졌다고 하더라도

각 시대의 기술과 발명품은 그 시대의 특징을 보여주는 의상일 뿐이며 사람들의 활기를 북돋우지는 못한다. 기계가 더 좋아졌다고 하더라도 기계의 발달로 발생하는 피해가 이익을 상쇄할지도 모른다. 허드슨Hudson, 영국의 항해가이자 탐험가로 허드슨강·허드슨해협·허드슨만을 발견함_옮긴이과 베링Bering, 러시아의 탐험가로 베링해협을 발견함_옮긴이은 고깃배를 타고도 정말 많은 것을 이룩했다. 과학과 기술로 중무장한 채 탐험을 떠났던 패리Parry, 영국의 탐험가와 프랭클린Franklin, 영국의 해군 소장이자 탐험가_옮긴이을 놀라게 했을 정도였다. 갈릴레이는 오페라글라스를 이용해서 후세에 태어난 그 어떤 과학자보다도 웅장한 천체 현상을 많이 발견했다. 콜럼버스Christopher Columbus, 이탈리아의 항해가로 아메리카 대륙을 발견함_옮긴이는 갑판도 없는 배를 타고 신대륙을 발견했다. 몇 년 또는 몇 세기 전에 우레와 같은 박수를 받으며 도입되었던 어떤 수단이나 기계가 시간이 지나면 더는 쓰이지 않다가 사라져버리는 것이 흥미롭다.

반면에 위대한 천재성은 인류에게 꼭 필요한 사람들에게 돌아온다. 우리는 전쟁 기술의 발전을 과학의 승리로 여긴다. 하지만 나폴레옹Napoléon I, 프랑스의 군인·제1통령·황제_옮긴이은 야영을 통해 유럽을 정복했다. 아무런 지원도 받지 않고 순전히 용기에 의지한 것이다. 라스 카즈Las Case, 프랑스의 역사가로 나폴레옹의 개인 비서 자격으로 세인트헬레나섬까지 따라가 나폴레옹의 회고록을 정리함_옮긴이에 따르면 나폴레옹은 무기, 탄약고, 병참부, 마차를 없애지 않고서는 완벽한 군대를 양성할 수 없다고 생각했다고 한다. 나폴레옹은 로마의 관습대로 병사가 배급받은 자기 몫의 옥수수를 자기 맷돌로 빻고 옥수수빵을 직접 굽길 원했다.

사회는 파도와 다름없다. 파도는 앞으로 나아가지만, 파도를 이루는 물은 그러지 않는다. 똑같은 먼지 입자가 계곡에서 산등성이 쪽으로 날아가지 않는 것과 마찬가지다. 물이든 먼지든

겉으로만 똑같아 보이는 것이다. 오늘날 한 국가를 구성하는 사람들이 내년에 죽으면 그들이 겪은 경험도 그들과 함께 사라져버린다.

77

사람들이 기관에 의존하게 된 이유

　재산에 의존하고 재산을 보호해주는 정부에 의존하는 행위는 자기 신뢰가 부족해서 나타나는 결과다. 사람들은 지금까지 자신에게서 눈을 돌리고 사물을 오랫동안 바라봤다. 그래서 종교 기관, 교육 기관, 민간 기관을 재산을 지켜주는 존재로 떠받들게 되었다. 사람들이 이런 기관에 대한 공격을 강력하게 비난하는 것도 그것을 재산에 대한 공격으로 간주하기 때문이다.

78

성품은 살아 있는 재산이다

사람들은 각자 어떤 사람인지가 아니라 각자 무엇을 가졌는지를 보고 서로 평가한다. 하지만 교양 있는 사람은 자신의 본성을 새로 존중하게 되면서 자기 재산을 부끄럽게 여긴다. 특히 재산이 우연히 얻은 것이거나 상속, 증여, 범죄를 통해서 생긴 것이라면 자기가 가진 것을 혐오한다. 그런 재산은 자신의 소유물로 보지 않는 것이다. 그것은 자기 것이 아니며, 자신에게 뿌리를 내린 것이 아니다. 혁명이 일어나거나 도둑이 빼앗지 않아서 그냥 거기 있는 것이다.

하지만 사람의 성품은 항상 필요로 얻게 된다. 그렇게 얻은 성품은 살아 있는 재산이다. 성품은 지배자, 폭도, 혁명, 화재, 폭풍, 파산의 영향을 받지 않으며 그 사람이 어디에서 숨 쉬든 계속 새로워진다.

칼리프 알리Caliph Ali, 이슬람교의 최고 지도자인 제4대 칼리프 알리로 본명은 알리 이븐 아비 탈리브이며 661년에 사망함_옮긴이는 이렇게 말했다. "당신의 운명, 당신에게 주어진 삶의 몫이 당신을 쫓고 있다. 그러니 운명을 찾아 나서지 말고 편히 있어라." 이런 외부의 것들에 의존하는 우리의 태도는 숫자를 맹목적으로 섬기는 행동으로 이어진다.

79

홀로 우뚝 서는 사람이 되자

정당은 전당 대회를 수도 없이 연다. 참가자 수가 많을수록 젊은 애국자들은 천 개의 새로운 눈과 팔 덕택에 자신이 예전보다 더 강해졌다고 느낀다. "에식스Essex에서 온 대표단입니다!" "뉴햄프셔에서 온 민주당원들이에요!" "메인Maine에서 온 휘그Whig 당원들입니다!"라고 사람들이 새로 외칠 때도 마찬가지다. 개혁자들도 이와 비슷한 방식으로 집회를 열고, 투표하고, 다수결로 의견을 정한다.

하지만 친구들이여, 신은 당신 안으로 들어가서 그곳에 머물지 않으실 것이다. 오히려 정반대로 행동하실 것이다. 사람은 외부의 모든 지원을 거절하고 홀로 설 때 강인해지고 승리를 쟁취하게 된다.

자기 뜻에 따르겠다고 찾아오는 사람이 많아질수록 사람은 약해진다. 혼자 우뚝 선 사람이 마을 전체보다 낫지 않은가? 사람들에게 아무것도 요구하지 마라. 그래야 끝없는 변화 속에서 당신이 유일하게 굳건한 기둥이 되어 당신을 둘러싼 모두를 곧바로 지탱할 수 있다.

80

굳은 의지로 일하고 원하는 것을 얻어라

힘은 타고나는 것이라는 사실을 아는 사람, 자기가 선善을 자신이 아닌 다른 곳에서 찾아서 약해진 사실을 아는 사람은 주저하지 않고 자기 생각에 몸을 던진다. 그러고는 즉시 자신을 바로잡고, 꼿꼿하게 서고, 사지를 자유자재로 움직이고, 기적을 일으킨다. 두 발로 서는 사람이 물구나무서는 사람보다 강한 것과 같은 이치다.

운이라고 불리는 것을 전부 사용해라. 사람들은 대체로 행운의 여신을 상대로 도박을 한다. 그렇게 운명의 수레바퀴가 굴러가는 대로 모든 것을 얻거나 모든 것을 잃는다. 하지만 운으로 얻은 것은 내버려두고, 신의 대리인인 원인과 결과를 다뤄야 한다. 굳은 의지로 일하고 원하는 것을 얻어라. 그런 행동은 운명의 바퀴를 사슬로 묶는 것이나 마찬가지다. 그러면 이제부터는 바퀴가 돌아갈까봐 두려워할 필요 없이 편히 지낼 수 있다.

힘은 타고나는 것이라는 사실을 아는 사람.

자기가 선(善)을 자신이 아닌 다른 곳에서 찾아서 약해진 사실을 아는 사람은

주저하지 않고 자기 생각에 몸을 던진다.

81

원칙의 승리만이 내게 평화를 준다

정치적인 승리, 임대 수입의 증가, 건강 회복, 떠났던 친구가 돌아오는 것이나 다른 좋은 일이 생기면 기분이 좋아진다. 그러면 앞으로 좋은 날들이 펼쳐지리라는 생각이 들기도 한다.

하지만 그런 생각을 믿어서는 안 된다. 당신에게 평화를 안겨줄 수 있는 것은 당신뿐이다. 원칙의 승리만이 당신에게 평화를 안겨줄 수 있다.

인간에 대한 위대한 통찰
몽테뉴의 수상록

몽테뉴 지음 | 정영훈 엮음 | 안해린 옮김 | 값 12,000원

가볍지도 과하지도 않은 무게감으로 몽테뉴는 세상사의 다양한 주제들에 대해 본인의 견해를 자신 있고 담담하게 풀어낸다. 이 책을 읽으며 나의 판단이 바른지, 내가 지금 제대로 살고 있는지, 앞으로 어떻게 살아야 하는지 등을 수없이 자문해보자. 원초적인 동시에 삶의 골자가 되는 사유를 함으로써 의식을 환기하고 스스로를 성찰하며 인생의 전반에 대해 배우는 계기가 될 것이다.

인생을 어떻게 살아야 할 것인가
에픽테토스의 인생을 바라보는 지혜

에픽테토스 지음 | 강현규 엮음 | 키와 블란츠 옮김 | 값 12,000원

내면의 자유를 추구했던 에픽테토스의 철학과 통찰을 담았다. 현실에 적용 가능한 구체적이고 실천적인 에픽테토스의 철학을 내면에 습득해 필요한 상황이 올 때마다 반사작용처럼 적용할 수 있다면, 그 어떤 역경과 어려움 앞에서도 굴하지 않고 꿋꿋하게 살아남아 최후의 승리자가 될 수 있을 것이다. 현실에 좌절하고 힘들어하는 모든 현대인들에게 에픽테토스의 철학이 담긴 이 책을 권한다.

리더십과 인간의 진실은 무엇인가
마키아벨리의 군주론

니콜로 마키아벨리 지음 | 김경준 해제 | 서정태 옮김 | 값 12,000원

누구나 잘 알지만 읽지 못했거나 혹은 오해와 편견으로만 대했던 불멸의 고전인 『군주론』이 리더십의 정수를 꿰뚫는 인문서로 다시 태어났다. 완독과 의미 파악이 쉽지 않던 원문을 5개의 테마로 나누어 새롭게 재편집했으며, 마키아벨리의 추종자임을 자처하는 딜로이트 컨설팅 김경준 대표가 해제를 더했다. 이 책은 인간이 살아가는 현실에 대한 귀중한 통찰력의 원천이 될 것이다.

치솟는 화에 맞서 내 영혼을 지키는 법
세네카의 화 다스리기

루키우스 안나이우스 세네카 지음 | 강현규 엮음 | 정윤희 옮김 | 값 12,000원

세네카의 책이 쓰인 지 2천 년이 넘는 세월이 흘렀지만 현대인들은 여전히 자신의 화를 통제하지 못하고 많은 문제에 휩싸인 채 살아간다. 세네카는 이 책을 통해 인간에게 화가 왜 불필요한지, 화라는 감정의 실체는 무엇인지, 화의 지배에서 벗어나 화를 통제하고 다스리는 법은 무엇인지를 다양한 예화를 곁들여 이야기한다. 별것 아닌 일에 쉽게 욱하고, 돌아서면 후회할 일에 쉽게 화를 내는 사람들에게 이 책을 권한다.

행복의 비밀을 알려주는 위대한 고전

세네카의 행복론

루키우스 안나이우스 세네카 지음 | 정영훈 엮음 | 정윤희 옮김 | 값 12,000원

삶과 죽음의 의미 그리고 진정한 행복이 무엇인지와 같은 인생의 본질적인 질문을 우리 마음속에 던져주는 책이다. 세네카의 주옥같은 글들을 읽다 보면 지금 나에게 닥친 여러 가지 고민들을 딛고 일어설 수 있는 용기와 깨달음을 얻을 수 있다. 가끔 내가 가진 행복이 남들보다 작은 것 같아서 속상할 때, 급작스럽게 찾아온 고난을 이기지 못해 좌절할 때 이 책을 한 번 읽어보자.

인생의 짧음과 마음의 평정에 대하여

세네카의 인생론

루키우스 안나이우스 세네카 지음 | 정영훈 엮음 | 정윤희 옮김 | 값 12,000원

고대 스토아 철학파의 대가로 불리는 세네카의 산문 『인생의 짧음에 대하여』와 『마음의 평정에 대하여』를 한 권으로 엮다. 값진 인생을 살기 위한 세네카의 위대한 통찰을 느끼고 싶다면 이 책을 펼쳐보기를 바란다. 편역서라는 책의 특성상 시대적·역사적문화적으로 지나치게 거리가 먼 부분은 일부 삭제하고 필요한 핵심만 골라 소개했다. 그럼에도 세네카가 독자에게 건네는 깨달음과 그 가치의 탁월함을 느낄 수 있을 것이다.

돈과 인생에 대한 위대한 통찰

벤저민 프랭클린의 부와 성공의 법칙

벤저민 프랭클린 지음 | 강현규 엮음 | 정윤희 옮김 | 값 12,000원

인생에 대한 다양하고 지혜로운 충고들과 어떻게 부자가 될 수 있는지를 알려주는 금언집이다. 이 책은 부자가 되는 방법은 생각보다 어렵지 않으며, 사소한 습관 하나를 바꾸는 것에서 시작할 수 있다고 말한다. 가령 돈을 낭비하는 습관부터 버린다면 지금보다 좀더 부유할 수 있으며, 저금을 할 줄 모르는 사람은 결코 부자가 될 수 없다는 식이다. 이 책을 통해 미국인의 '마음의 대통령'인 벤저민 프랭클린이 전해주는 말로 인생에 대한 혜안과 올바른 소비습관을 길러볼 수 있을 것이다.

우리는 어떻게 살아야 하는가

발타자르 그라시안의 인생 수업

발타자르 그라시안 지음 | 정영훈 엮음 | 김세나 옮김 | 15,000원

이 책은 스페인의 대철학자 발타자르 그라시안의 인생에 대한 뛰어난 통찰력과 인간관계의 본질에 대한 직설적인 조언을 담은 인생지침서다. 발타자르 그라시안은 좋은 사람인 척 살아가기 보다는 세상의 본질을 알고 지혜를 갖출 때 내 삶은 행복해진다는 메시지를 전하고 있다. 이 책에서 만날 수 있는 현명하고 솔직한 직언으로 자기 자신의 모습을 되돌아보며 삶을 살아갈 힘을 얻어보자.

소크라테스의 변론·크리톤·파이돈·향연
삶이 흔들릴 때 소크라테스를 추천합니다

플라톤 지음 | 김세나 옮김 | 값 11,500원

서양철학의 근간인 소크라테스는 생전에 단 한 권의 책도 저술하지 않았지만 그의 사상은 수제자인 플라톤의 저서를 통해 후대에 전해지고 있다. 소크라테스의 죽음과 관련된 책들인 『소크라테스의 변론』『크리톤』『파이돈』과 '에로스'를 예찬하는 『향연』은 『플라톤의 대화편』이라고 불리는 25편의 대화편 중 초기와 중기의 저작들이다. 현대의 독자들은 이 책 한 권만 읽으면 소크라테스 사상의 정수를 만끽할 수 있을 것이다.

자신과 마주하고 지혜롭게 살아가기
아우렐리우스의 명상록

마르쿠스 아우렐리우스 지음 | 값 11,000원

마르쿠스 아우렐리우스는 로마제국을 20년 넘게 다스렸던 16대 황제이다. 그는 로마에 있을 때나 게르만족을 치기 위해 진영에 나가 있을 때 스스로를 반성하고 성찰하는 내용을 그리스어로 꾸준히 기록했다. 그 결과물이 바로 『명상록』이다. 마음가짐을 어떻게 가져야 하는지, 삶과 죽음에 대한 바람직한 태도는 무엇인지, 변하지 않는 세상의 본질은 무엇인지 등을 들려주고 있어 곱씹고 음미하면서 책장을 넘기게 될 것이다.

어떻게 살아야 행복할 수 있는가
톨스토이의 인생론

레프 톨스토이 지음 | 값 11,000원

레프 톨스토이는 세계적인 대문호이자 위대한 사상가이기도 하다. 그는 인생에 대해 끊임없이 고뇌하고 거기서 얻은 사상을 현실에서 구현하려고 노력했다. 15년에 걸쳐 집필한 결과물이 바로 이 책 『인생론』이다. 이 책은 톨스토이가 직접 쓴 글은 물론이고 동서양을 막론한 수많은 작품과 선집에서 톨스토이가 직접 선별한 내용을 담고 있다. 인생의 지혜를 톨스토이 특유의 짧고 간결한 문장으로 만나볼 수 있을 것이다.

무엇을 위해 살고, 무엇을 사랑할 것인가?
위대한 철학자들의 죽음 수업

몽테뉴 외 지음 | 15,000원

이 책은 위대한 철학자 5인의 '죽음에 대한 생각'을 한 권의 책으로 묶어낸 고전 편역서이다. 고대에서부터 현대까지 수많은 철학자들이 답을 찾고자 매달려온 철학적 주제이자, 영원히 풀리지 않을 숙제인 '죽음'에 대한 남다른 고찰이 엿보인다. 책을 관통하는 메시지는 '죽음에 대한 이해를 통해 삶을 더욱 온전히 이해할 수 있다'는 것이다. 철학자들의 인간 본질에 대한 통찰과 지혜가 담긴 죽음 수업은 죽음을 이해하고 현명한 삶을 살게 하는 열쇠가 되어줄 것이다.

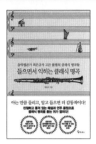

음악평론가 최은규가 고른 불멸의 클래식 명곡들

들으면서 익히는 클래식 명곡

최은규 지음 | 18,500원

클래식, 아는 만큼 들리고 아는 만큼 재미와 감동이 배가된다! 바이올리니스트로서의 경험과 음악학자로서의 연구력을 갖춘 최은규 음악평론가가 클래식 명곡을 흥미진진하게 들을 수 있는 귀를 열어줄 책을 냈다. 친숙한 명곡에 대한 해설과 함께 곡을 직접 들어볼 수 있는 음원을 제공하는 이 책을 통해 클래식 애호가는 물론, 입문자들까지 클래식을 더 재밌게 보고, 듣고, 즐길 수 있을 것이다.

복잡한 세상이 술술 읽히는 세상의 모든 TOP 10

벌거벗은 교양

지식스쿨 지음 | 18,000원

구독자 29만 명에 조회수 1억 회를 기록한 화제의 유튜브 채널인 지식스쿨을 책으로 만난다. 지식스쿨은 역사·문화·사회·과학·정치·경제 등을 넘나드는 다양한 인문학적 지식을 TOP 10 형식으로 재미있게 풀어준다. 기존의 나열식 방식이 아닌 순위로 구분해 설명하기 때문에 호기심을 자극해 내용에 더 집중하게 된다. TOP 10 콘텐츠 중에서도 각별히 사람들의 큰 관심을 받았던 내용을 엄선해 묶었다.

가장 행복한 사람은 늘 명상하며 산다

명상, 참 마음이 따뜻해

배영대 지음 | 값 15,000원

오랫동안 신문기자로 일하면서 동양철학에 깊은 관심을 가지고 공부해온 저자는 이 책을 통해 동서양의 명상을 기반으로 하여, 현대인을 위한 명상 이야기를 들려주고 있다. 마음챙김, 존 카밧진의 MBSR, 틱낫한 스님의 플럼 빌리지 등의 깊은 명상의 세계를 경험하고 수련해왔지만 그는 보통 사람을 위한 명상을 그려내고 있다. 어쩔 수 없이 살아가는 삶이 아닌, 잘 사는 삶이 궁금한 이들이라면 꼭 읽어야 할 필독서다.

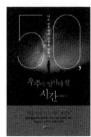

나는 우주에서 인생을 배웠다

50, 우주를 알아야 할 시간

이광식 지음 | 값 16,000원

이 책은 우주의 탄생부터 종말까지, 다양한 별과 우주 이야기를 쉽고 재미있게 들려줄 뿐만 아니라 우주의 비밀을 밝히기 위해 헌신한 사람들의 삶과 업적을 담았다. 전 연령층이 봐도 좋을 우주 입문서이지만 특히 50대가 보면 더 큰 의미가 있다. 지나온 삶도 가야할 삶도 모두 만만찮은, 마음만 급해지는 시기가 50대인 것이다. 삶이 버겁고 지칠 때마다 이 책을 펼치고 우주를 구석구석 뜯어보며 알아가고 즐겨보는 건 어떨까?

■ 독자 여러분의 소중한 원고를 기다립니다

메이트북스는 독자 여러분의 소중한 원고를 기다리고 있습니다. 집필을 끝냈거나 집필중인 원고가 있으신 분은 khg0109@hanmail.net으로 원고의 간단한 기획의도와 개요, 연락처 등과 함께 보내주시면 최대한 빨리 검토한 후에 연락드리겠습니다. 머뭇거리지 마시고 언제라도 메이트북스의 문을 두드리시면 반갑게 맞이하겠습니다.

■ 메이트북스 SNS는 보물창고입니다

메이트북스 홈페이지 www.matebooks.co.kr

책에 대한 칼럼 및 신간정보, 베스트셀러 및 스테디셀러 정보뿐만 아니라 저자의 인터뷰 및 책 소개 동영상을 보실 수 있습니다.

메이트북스 유튜브 bit.ly/2qXrcUb

활발하게 업로드되는 저자의 인터뷰, 책 소개 동영상을 통해 책에서는 접할 수 없었던 입체적인 정보들을 경험하실 수 있습니다.

메이트북스 블로그 blog.naver.com/1n1media

1분 전문가 칼럼, 화제의 책, 화제의 동영상 등 독자 여러분을 위해 다양한 콘텐츠를 매일 올리고 있습니다.

메이트북스 네이버 포스트 post.naver.com/1n1media

도서 내용을 재구성해 만든 블로그형, 카드뉴스형 포스트를 통해 유익하고 통찰력 있는 정보들을 경험하실 수 있습니다.

STEP 1. 네이버 검색창 옆의 카메라 모양 아이콘을 누르세요. STEP 2. 스마트렌즈를 통해 각 QR코드를 스캔하시면 됩니다. STEP 3. 팝업창을 누르시면 메이트북스의 SNS가 나옵니다.